La philo sort de la bouche des enfants

Groupe Eyrolles
61, bd Saint-Germain
75240 Paris cedex 05

www.editions-eyrolles.com

© Groupe Eyrolles, 2009
ISBN : 978-2-212-54411-4

Éric HAMRAOUI

La philo sort de la bouche des enfants

EYROLLES

À mon père.

« *Toutes les passions passent et s'éteignent,
sauf les plus anciennes, celles de l'enfance.
Les mythes ambitieux ou libidineux de l'enfance
sont insatiables parce que l'âge mûr – le seul qui
pourrait les rassasier – n'a plus les occasions –
fraîcheur des sens, moyens et vrai climat – où
ces passions tendaient originellement à s'épancher.* »
Pavese, *Le Métier de vivre* (1935-1950).

Sommaire

Avant-propos

> « *La sensation présente ne provient [...] pas immédiatement des choses, elle n'est pas une image des objets, mais de l'image enfantine ; un souvenir, une répétition, un écho ou un reflet de l'image ancienne.* »
> Leopardi, *Zibaldone di Pensieri* (1832).

L'intention du présent ouvrage n'est pas d'ordre pédagogique. Il ne s'agit pas, en effet, ici de s'adresser aux enfants pour leur « expliquer » les choses de la vie et la philosophie qui permet de les penser. Instruire (educare), en attirant à soi (seducere) tout en conduisant hors de soi (educere), n'est pas le but ici recherché. Ne serait-ce pas là nous priver de ce qui, dans le trésor des sensations, impressions et sentiments éprouvés durant notre enfance, serait susceptible de donner plus pleinement vie à nos pensées d'adultes ? Ne serait-ce pas refuser inutilement de nous laisser bercer par les chants de l'Atlantide de l'enfance afin, peut-être, d'aimer et de penser différemment ?

À la manière de la civilisation grecque, qui s'imposa après le naufrage de l'Atlantide, l'âge adulte, supposé être celui de la raison et de l'expérience, émerge triomphalement des brumes de la lointaine enfance et des tempêtes de l'adolescence. Il apparaît comme étant l'actualisation de ce qui n'était qu'en puissance.

Le sentiment d'être devenus étrangers à la dynamique, au rythme et à la richesse des vies psychique et somatique de l'enfant que nous fûmes rend précaire le souvenir du mode de combinaison singulier de la passion et de la raison qui prévalaient alors en nous.

Le but du présent ouvrage est donc tout autant la suggestion de voies susceptibles de favoriser la naissance de l'enfant à la philosophie que la définition de clefs d'accès au territoire de son enfance par l'adulte. Cela, pour peu que ce dernier soit disposé à prêter attention aux échos mnésiques et oniriques de sa propre enfance ouvrant au questionnement philosophique.

*

Les dialogues figurant dans chacun des chapitres du livre portent la marque des réflexions d'une enfant âgée de six ans concernant les choses qui constituent la trame de son existence quotidienne, les questions qu'elle se pose au sujet de ses parents et de ses camarades, de la société, de la vie et de la mort, du travail, de la nature et du monde humain. Il s'agit de laisser une fillette exprimer son point de vue sur les univers qui l'entourent et les énigmes qu'ils recèlent. Ses interlocuteurs adultes (en l'occurrence ses parents) tentent de mettre en résonance leurs propres souvenirs et expériences avec ses propos. Cet échange de points de vue

2

apporte un éclairage autre, lequel engage le point de vue du corps affecté en tant que pensée concernant la manière dont s'élaborent et se formulent les questions que tout un chacun se pose dès le plus jeune âge.

Commentés par Adrien, père de Mona, les dialogues qui suivent sont mis en correspondance avec un ensemble de textes philosophiques ou littéraires permettant d'en apprécier la portée et de discuter les intuitions qui s'y expriment. Ils montrent que, dans la mesure où la philosophie est fondamentalement quête de la sagesse, elle est accessible aux enfants dont l'expérience n'a pas encore été transformée en certitude de savoir.

*

Les retours opérés par Adrien et Anna sur les pensées de leur fille Mona durant leurs discussions avec elle, ou dans les commentaires réalisés a posteriori, *ne se veulent pas simple ressouvenir mais « reprise », laquelle est, comme le dit Kierkegaard dans* La Reprise *(1843), « ressouvenir en avant », capable de rendre l'homme heureux :*

> Reprise et ressouvenir sont un même mouvement, mais en direction opposée ; car, ce dont on a ressouvenir a été : c'est une reprise en arrière ; alors que la reprise proprement dite est un ressouvenir en avant. C'est pourquoi la reprise, si elle est possible, rend l'homme heureux, tandis que le ressouvenir le rend malheureux.

Se « reprendre », en revisitant le territoire de notre enfance afin de cesser de fuir en avant, est peut-être l'indication d'une sagesse pour l'individu contemporain lancé dans une quête incessante du dépassement de soi et dont la vie est moins que jamais l'affaire.

Chapitre I

Qu'est-ce que l'enfance ?

« *L'éternel enfant – Nous croyons que les contes et les jeux appartiennent à l'enfance. Quelle vue courte nous avons ! Comment pourrions-nous vivre, à n'importe quel âge de la vie, sans contes et sans jeux ! Il est vrai que nous donnons d'autres noms à tout cela et que nous l'envisageons autrement, mais c'est là précisément une preuve que c'est la même chose ! – car l'enfant, lui aussi, considère son jeu comme un travail et le conte comme la vérité. La brièveté de la vie devrait nous garder de la séparation pédante des âges – comme si chaque âge apportait quelque chose de nouveau –, et ce serait l'affaire d'un poète de nous montrer une fois l'homme qui, à deux cents ans d'âge, vivrait véritablement sans contes et sans jeux.* »
Nietzsche, *Opinions et sentences mêlées* (1886), § 270.

De notre enfance, il ne nous reste qu'un ensemble de souvenirs et une connaissance par ouï-dire (ce que nous en ont dit nos parents ou nos aînés). L'expérience que nous en avons faite, en raison de l'éloignement de cette période de notre vie, demeure vague. L'accès à l'âge adulte nous rend presque étrangère cette période de notre vie. « Comment avons-nous pu passer par là ? » nous disons-nous parfois. Si nos enfants réactivent de nombreux beaux souvenirs enfouis de cet âge supposé révolu, nous nous sentons intérieurement heureux d'être passés de l'« autre côté », d'avoir quitté les brumes de l'enfance. Devenus parents, nous disposons de peu de place et de temps pour la méditation sur le rapport entre ce que nous avons été et ce que nous sommes devenus afin d'éduquer nos enfants avec sensibilité et imagination. Pour favoriser aussi l'éclosion des semences de cet âge rempli de promesses. Pour reconnaître enfin, en tant que tels, les contes qui continuent à bercer nos oreilles et les jeux que nous ne cessons de pratiquer.

L'enfance est un horizon de sens

Les six dialogues suivants portent successivement sur la perception de l'enfant par lui-même et son rapport à la philosophie, sa conception de l'origine de l'humanité, de l'amour, de l'âge adulte, enfin, sur ses croyances. Ils abordent aussi la question des petites tyrannies enfantines. Sachant que l'enfance, qui constitue le sol sur lequel nous avons grandi, est derrière nous, les commentaires qui suivent chacun de ces dialogues ne cherchent pas à opérer un retour nostalgique à elle, mais à la comprendre, comme le poète, en tant qu'horizon, point de départ et axe de notre existence. L'enfance, dit Georges Perec dans W ou le Souvenir d'enfance *(1975), « n'est ni nostalgie, ni terreur, ni paradis perdu, ni Toison d'Or, mais peut-être horizon, point de départ, coordonnées à partir desquelles les axes de notre vie vont trouver leur sens ».*

« Un enfant, c'est comme moi ! »

« Adrien : Qu'est-ce qu'un enfant ?
Mona : Un enfant, c'est comme moi ! Moi, Mona, la petite fille d'Adrien et Anna. C'est moi ! Tu me vois bien ! J'ai les cheveux bruns et je porte une polaire rose, un pantalon rouge et de beaux chaussons blancs.
Adrien : Que fait cet enfant ?
Mona : De la philosophie, en ce moment. »

L'enfance est le royaume de la sensibilité

Lorsque je demande à Mona ce qu'est un enfant, elle m'apporte une réponse d'une aveuglante clarté : « C'est moi, tu me vois bien ! » Elle prend alors la peine de se décrire pour être plus explicite encore. Ce à quoi, peut-être surpris par l'affirmation d'une double évidence – celle tenant à la certitude et à la manifestation de soi (« c'est moi ! » ; « tu me vois bien ! ») –, je réponds à Mona en lui posant une nouvelle question portant cette fois non plus sur l'être mais sur le faire (« que fait cet enfant ? »). Mona me répond en me renvoyant une nouvelle fois à ce qu'elle est en train de faire dans l'instant. Elle ne se perd pas dans les généralités. La force de cette posture m'interpelle. Plutôt que de tenter de poursuivre le dialogue en lui proposant une définition susceptible de susciter sa curiosité, telle que « la philosophie est l'art de rendre heureux », je m'arrête un instant. Cela afin de comprendre ce qu'évoque véritablement pour Mona le mot « philosophie ». Par lui, il me semble qu'elle exprime avant tout l'idée d'une expérience partagée : celle de notre dialogue engagé depuis quelques mois déjà.

Le mot « philosophie » semble également évoquer, chez Mona, l'idée d'une activité très importante pour moi et qui absorbe la plus grande partie de mon temps, de mon énergie et de mes pensées. Elle sait aussi qu'il s'agit d'une activité que je pratique le plus souvent seul. Mais nos dialogues lui ont peut-être permis d'appréhender le mot « philosophie » autrement que comme un « récif difficilement abordable », selon la formule employée par Alain dans ses *Propos sur l'éducation* (1932). Mot qui, si l'on en croit le même auteur, est « aussi facile à reconnaître qu'une brouette ou une locomotive », pour peu que l'esprit de l'enfant parvienne à le saisir tout entier, ne serait-ce que le temps d'un éclair. Mais, au-delà d'une reconnaissance de la singularité du mot « philosophie » permettant de mieux cerner le mystère qui l'entoure, la pratique commune d'une activité de pensée semble être source de joie pour Mona. Joie non de mimer intelligemment les accents d'un discours, mais de penser ce qu'elle dit en toute spontanéité et que je comparerais volontiers à celle qu'elle éprouve lorsque nous gonflons les pneus de nos bicyclettes avant nos excursions bucoliques. Peut-être cette disposition d'esprit augure-t-elle une plus grande facilité à philosopher dans un rapport sensible aux êtres et aux choses, loin des jeux de l'abstraction, préjudiciables à ce que Comenius, philosophe et pédagogue du XVIIe siècle, appelle la « formation du sens du réel ». Aussi, faire de la philosophie avec Mona ne tient-il aucunement au désir de la rendre précocement compétitive sur le « marché des études philosophiques ». Il s'agit au contraire de cultiver avec elle ce sens du réel dont parle Comenius dans son rapport à l'activité de pensée. Ce qui suppose un recul pris par rapport à l'inscription académique de l'activité philosophique dans une logique de maîtrise conceptuelle du monde afin d'en rendre raison.

Cultiver la sensibilité de l'enfant pour former son sens du réel rend, selon Comenius, possible le développement de la mémoire et de l'imagination, puis de la raison, avant l'ouverture au divin.

Mais de Comenius, je retiendrai ici moins l'idée de la constitution de l'enfant en sujet doué de facultés que celle d'un primat du sensible dans l'éducation, non sans effet sur la définition du rapport de l'enfant à l'adulte. « Les sens, dit Comenius dans *L'Abrégé de physique* (1633), impriment immédiatement sur nous la vérité des choses. »

Lorsque Mona me dit : « J'ai les cheveux bruns et je porte une polaire rose, un pantalon rouge et de beaux chaussons blancs », son propos se situe au niveau des fondements sensibles de notre connaissance, sans lesquels celle-ci ne pourrait se constituer de façon plus complexe. Devenir adulte en croyant rompre avec l'enfant que l'on a été est illusoire.

Comme en écho à ce que dit ici Comenius, Stendhal considère dans ses *Lettres à Pauline* (1800-1825) que l'usage hypertrophié de l'entendement ruine l'apprentissage du raisonnement et de la pensée. Nous apprenons, selon lui, à raisonner et à penser de la même manière que nous apprenons à marcher, c'est-à-dire en nous regardant faire : « Tu penses, dit Stendhal à sa jeune sœur Pauline, tu le dis à chaque instant ; mais as-tu examiné ce que tu fais en pensant ? Je crois que non. Tu sens […], tu ne fais que cela. Penser est sentir. »

L'enfance est faiblesse

Cette nouvelle image de l'enfant tranche avec la conception dans l'ensemble négative qui prédomine dans la tradition occidentale. En effet, tout en reconnaissant la vivacité de la sensibilité et la force du caractère de l'enfant, saint Augustin soutient que son âme est « tout entière ramassée sur les sens du corps, avec une telle tension que seule la sensation charnelle de plaisir ou de déplaisir détermine ses plaisirs ou ses répulsions ». L'âge heureux de la prime enfance *(infantia)* – distinct de celui, malheureux, de la seconde enfance *(pueritia),* où l'enfant ne parle pas encore – est aussi, selon Augustin, celui de la culpabilité inconsciente, de l'envie et de la violence impuissante, tout vice que l'adulte ne fera que reproduire à plus vaste échelle. Un *cercle mimétique*, selon l'expression employée par Jean-Michel Fontanier dans sa *Lecture des « Confessions »*, se crée ainsi où les enfants sont éduqués à imiter les grandes personnes dont les fautes ne sont à leur tour que des puérilités aggravées….

L'opinion faisant de l'enfant un être faible sur le plan moral, développée par Augustin, s'accompagne de la double idée d'une vulnérabilité de son corps aux caprices de l'imagination de sa mère lorsqu'elle le porte en son sein et de la confusion de son esprit une fois né. Ainsi, dans *De la recherche de la vérité* (1674),

Malebranche soutient-il que la mollesse du corps de l'enfant évoluant en milieu placentaire le rend susceptible de prendre l'empreinte des objets désirés par sa mère :

> Les mères imaginant et désirant fortement de manger des poires, par exemple, les enfants, si le fœtus est animé, les imaginent et les désirent de même avec ardeur : et (que le fœtus soit ou ne soit pas animé) le cours des esprits excités par l'image du fruit désiré se répandant dans un petit corps fort capable de changer de figure à cause de sa mollesse ; ces pauvres enfants deviennent semblables aux choses qu'ils souhaitent avec trop d'ardeur.

Une fois qu'ils sont nés, poursuit Malebranche, les fibres du cerveau des enfants « étant très délicates, elles sont très facilement agitées par les objets même les plus faibles, et les moins sensibles ». Il en conclut à la faible disposition de l'esprit des enfants à la méditation philosophique :

> Et leur âme ayant nécessairement des sensations proportionnées à l'agitation de ces fibres, elle laisse là les pensées métaphysiques, et de pure intellection, pour s'appliquer uniquement à ses sensations. Ainsi il semble que les enfants ne peuvent pas considérer avec assez d'attention les idées pures de la vérité, étant si souvent et si facilement distraits par les idées confuses des sens.

Fénelon rejoint ici Malebranche et, à travers lui, Descartes, en disant, dans son *Traité de l'éducation des filles* (1687), que « les enfants ont la tête faible [et quel leur âge ne les rend encore sensibles qu'au plaisir ».

L'enfance est ainsi ce avec quoi il apparaît nécessaire de rompre pour accéder à une existence rationnelle dans laquelle s'accomplit l'humanité de l'homme. Conclusion proche de celle de Spinoza qui soutient dans l'*Éthique* (1677) que le corps de l'enfant est pauvre en aptitudes et au plus haut point soumis à l'action des causes extérieures. Son âme est, de surcroît, supposée n'avoir « presque aucune conscience d'elle-même ni de Dieu ni des choses ». À l'inverse, l'adulte posséderait « un corps aux très nombreuses aptitudes » et « une âme qui, considérée en elle seule, a grandement conscience d'elle-même et de Dieu et des choses ». L'effort persévérant de toute vie humaine tendrait ainsi essentiellement à la transformation du « corps de l'enfance en un autre ayant un très grand nombre d'aptitudes et se rapportant à une âme consciente d'elle-même et de Dieu et des choses, et telle que tout ce qui se rapporte à sa mémoire et à son imagination soit presque insignifiant relativement à l'entendement ». Toutefois, inspirée par l'« aiguillon de l'honneur et de l'envie », l'éducation que les adultes dispensent à leurs enfants transforme paradoxalement ceux-ci, envieux et aimant être félicités, en modèles de ceux-là ! Option dont le projet éthique de Spinoza tente de prendre le contre-pied, comme le montre Laurent Bove dans *La Stratégie du conatus. Affirmation et résistance chez Spinoza* (1996).

Revenant sur le thème de l'infirmité de l'entendement et des capacités de réflexion de l'enfant, la philosophie de Maine de Biran conçoit, au début du XIXe siècle, la prime enfance comme époque d'un

« chaos vital et sensible » d'où n'émerge aucun centre de conscience.

Ce n'est qu'à travers l'exercice de l'effort volontaire, auquel s'oppose la résistance de l'organe qu'il mobilise ou de la réalité qu'il rencontre, que l'enfant sort de cette indétermination. Par le biais de cette rencontre, l'effort moteur fait naître la conscience de soi s'apercevant en train de l'effectuer. Conscience – ou *aperception immédiate* de soi – dont l'enfant se trouve, selon Maine de Biran, initialement dépourvu :

> L'enfant, dit-il dans *De l'aperception immédiate* (1807), crie d'abord par instinct et je ne crois pas que l'on puisse dire que, dès sa naissance, il aperçoive et veuille les mouvements vocaux qui forment ses vagissements. Mais, quelque temps après, nous pouvons reconnaître qu'il transforme ses cris instinctifs en signes volontaires, dont il se sert déjà pour appeler à son secours ; dès lors il a franchi un grand passage ; mais comment l'aurait-il pu, si les affections de l'instinct avaient toujours, comme dans le principe, prédominé et forcé le mouvement vocal, et s'il n'y avait pas, dans la suite des progrès très rapides de la vie, quelques conditions ou circonstances particulières de la production même des mouvements auquel pût se rattacher le premier sentiment du pouvoir et, par suite, de l'effort, ou le vouloir primitif ?

Le « grand passage » ou seuil que franchit l'enfant, dont parle ici Maine de Biran, consiste en la transformation d'un mouvement instinctif en mouvement volontaire, avec l'accès à un « premier sentiment du pouvoir » tenant à l'exercice d'un « vouloir primitif ».

En franchissant ce cap, l'enfant échappe aux lois de l'organisme. L'exercice de cette première puissance d'effort et de vouloir signifie l'institution en *signes* de ses cris par la nature. Ces signes pourront, ajoute Maine de Biran, être « institués secondairement signes arbitraires ou conventionnels », une fois *aperçus* par l'enfant en tant que libre détermination de son vouloir.

L'aperception est ainsi sortie des « limbes de la conscience » dans lesquels l'enfant se trouvait retenu et que Jean Jaurès, commentateur méconnu de Maine de Biran, définit en ces termes, non sans réaliser un pas de côté par rapport à l'analyse de ce dernier auteur :

> L'enfant ne se distingue pas de ses propres modifications, il est comme tout entier dans la douleur ou dans le plaisir qu'il ressent, dans la lumière qu'il perçoit ou le son qu'il entend et cela pour deux raisons : tout ce qui frappe l'enfant, tout ce qui lui arrive, est accompagné de plaisir ou de douleur, ses faibles organes sont blessés d'un rien et d'un autre côté son âme toute neuve est enchantée et possédée des moindres objets. Cette continuité de plaisirs ou de malheurs empêche l'âme de se recueillir sur elle-même et la disperse sur une multitude d'impressions. La force de réflexion qui est en nous, hommes faits, ne résisterait pas à cet assaut de plaisirs ou de douleurs. Or, cette force de réflexion n'est pas encore née chez l'enfant et c'est la seconde raison qui le retient dans ces sortes de limbes de conscience où il ne se distingue pas de ses affections propres.

La force et l'originalité de ce texte est de souligner la puissance de l'antagonisme de sentiments tantôt associés au plaisir, tantôt à la peine, qui empêche le recueillement de l'âme et l'activité de l'esprit, aussi bien chez l'enfant que chez l'adulte.

« On existe parce qu'Adam et Ève ont fait des bébés. »

« Mona : Je sais comment les hommes et les femmes ont existé.

Adrien : Comment ?

Mona : Parce qu'Adam et Ève ont fait des bébés. On n'existerait pas s'ils n'avaient pas fait d'enfants. Et, quand ils sont devenus grands, les enfants ont fait des enfants. Ils se sont aimés comme maman et toi, et beaucoup d'enfants sont nés ! »

L'enfance est l'héritage de nos premiers parents

En écoutant Mona m'expliquer la manière dont les générations humaines se sont succédé, je suis frappé du crédit qu'elle accorde, comme moi-même à son âge, à l'explication développée dans le récit de la Genèse que nous lui avions lu. Ce récit paraît plausible : un premier couple s'est formé, il a eu des enfants qui à leur tour sont devenus parents (« Croissez et multipliez-vous ! » dit le texte biblique). Deux amants archétypaux sur lesquels Anna et moi, comme tant d'autres avant nous, n'aurions fait que prendre modèle seraient à l'origine de l'humanité.

Mais rien ne porte, dans le texte de la Genèse, sur ce que Schopenhauer appelle, dans *Le Monde comme volonté et comme représentation* (1819), le caractère inexplicable de la passion toute particulière et individuelle qui unit deux amants, du vouloir-vivre qui attire l'un vers l'autre deux individus de sexe différent avec force et exclusivité :

> [Or,] dit Schopenhauer, l'inclination croissante de deux amoureux est en réalité déjà la volonté de vivre du nouvel individu qu'ils veulent et peuvent engendrer ; bien plus, sa vie toute neuve s'allume dès que se rencontrent leurs regards pleins de désirs, et s'affirme comme une individualité qui sera, dans l'avenir, harmonieuse et bien organisée. Ils éprouvent le désir d'une union véritable et d'une fusion en un seul être pour ne plus vivre désormais qu'en lui, et leur désir est comblé par la procréation de l'être engendré par eux et en qui survivent les qualités héréditaires de l'un et de l'autre, confondues et unies en un seul individu.

Il n'est pas plus question d'amour fusionnel dans le texte de la Genèse où la différence des sexes n'existe qu'en vue d'assurer la perpétuation de l'espèce humaine et de rendre la société plus douce, plus agréable et moins ennuyeuse (« Il n'est pas bon que l'homme soit seul ! »).

« Il a senti qu'il était amoureux. »

« Mona : Je suis heureuse d'avoir appris à lire !
Adrien : Pourquoi ?

Mona : Parce que je ne savais pas lire ! Comme ça je peux lire des livres et vous raconter des histoires.
Adrien : Ou en imaginer de nouvelles.
Mona : Comme celle-là !
Adrien : Laquelle ?
Mona : Celle de la princesse Sirène.
Adrien : Raconte-la-moi.

Mona : Lotentin est un petit lutin. Il aime jouer avec la mer qui lui apporte tous les matins des coquillages et un jour une sirène vient lui rendre visite. Elle lui dit qu'elle s'est perdue et qu'elle aimerait qu'il l'aide à retrouver sa maison. Lotentin, qui est un gentil lutin, lui dit qu'il veut bien l'aider parce qu'il est amoureux d'elle. Alors ils s'en vont et Lotentin dit : "Ce ne serait pas ici ta maison ?" La sirène lui répond : "Oui, merci Lotentin !" en le serrant dans ses bras. Elle tombe aussitôt amoureuse de Lotentin. Le lendemain, le père de la sirène marie sa fille la sirène et Lotentin le lutin car il a senti qu'ils étaient amoureux... »

L'enfance est poésie

> *« La théorie des fables contient l'histoire*
> *du monde originaire – elle comprend le passé,*
> *le présent et l'avenir. »*
> Novalis, *Semences* (1797-1798).

Dans ce dialogue, Mona établit un lien sensible entre le fait de savoir lire et la capacité de raconter ou d'imaginer des histoires. Mais si lire stimule l'imagination et suscite l'invention d'histoires nouvelles, le seul fait d'imaginer que l'on sache lire produit parfois le même effet :

> Là, perché dans un lit-cage, dit Sartre dans *Les Mots* (1964), je fis semblant de lire : je suivais des yeux les lignes noires sans en sauter une seule et je me racontais une histoire à voix haute […].

Ici, Mona me raconte l'histoire du lutin Lotentin amoureux d'une sirène où s'opère la rencontre et le mariage des mondes terrestre et marin. Lotentin se montre prévenant à l'égard de la jeune sirène parce qu'il est déjà amoureux d'elle. Sentiment qui ne semble partagé par la sirène qu'au moment où Lotentin lui permet de retrouver sa maison. La rencontre amoureuse a lieu dans la demeure de la sirène, non dans l'inter-monde (entre terre et mer). Le père accompagne, en sage, le désir des jeunes gens, alors qu'il vient seulement de faire la connaissance de Lotentin. Cette sagesse fondée sur l'intuition (« il a senti qu'ils étaient amoureux ») et cette générosité constituent un pas de côté significatif par rapport à la figure paternelle traditionnellement possessive et accaparatrice.

Que l'enfant sache déjà lire ou non, une poésie se dégage des phrases qui expriment ce qu'il ressent :

> Toute la poésie, dit Nathalie Sarraute dans *Enfance* (1983), est fondée […] sur ce qu'on ressent […]. Pour que [l'] écriture [du poète] respire et vive, il faut qu'il y ait quelque chose de spontané, d'inconnu, de vivant qui essaie de trouver des mots. Ce ne sont pas des mots tout prêts […].

L'enfant est un poète qui trouve ses mots en laissant libre cours à son imagination. Les images lui viennent souvent avant les mots. La naissance des mythes et des contes auxquels il se montre si réceptif ne tient-elle pas au caractère imagé des premières langues ?

> Les premières langues, dit, en effet, Anatole France dans *Le Livre de mon ami* (1885), étaient tout en image et animaient tout ce qu'elles nommaient. Elles dotaient de sentiments humains les astres, les nuages, « vaches célestes », la lumière, les vents, l'aurore. De la parole imagée, vivante, animée, le mythe jaillit et le conte sortit du mythe. Le conte se transforma sans cesse ; car le changement est la première nécessité de l'existence. Il fut pris au mot et à la lettre et ne rencontra pas, par bonheur, des gens d'esprit pour le réduire en allégorie et le tuer du coup.

Cette méditation sur les rapports entre image, langage, mythe et conte met en lumière l'anthropomorphisme des premières langues (« elles dotaient de sentiments humains… ») qui inspira la constitution des mythologies. Elle montre l'ancrage du conte dans l'existence et sa soumission aux mêmes lois qu'elle : celles du devenir, de la métamorphose perpétuelle – ce que, appliqué au cas des espèces vivantes, Lamarck appelait « transformisme » ou lente mais profonde évolution des formes de la vie dans le temps. Anatole France insiste de même sur la dimension populaire du conte dont la richesse et la vie recelées dans la littéralité (« il fut pris au mot et à la lettre ») sont menacées par sa réduction en allégorie savante. Il soutient enfin que le goût des enfants pour les contes de fées (mot issu du latin *fatum*, qui signifie « destin ») est l'expression de leur approche singulière du destin.

> Les fées, dit ainsi Anatole France, résultent de la conception la plus douce et la plus tragique, la plus intime et la plus universelle de la vie humaine. Les fées sont notre destinée [...], la raison suprême [de notre] existence heureuse ou funeste.

Aussi, retrancher le merveilleux de la vie de l'enfant ne serait-il pas « procéder contre les lois mêmes de la nature » ?

> L'enfance, dit en effet George Sand dans *Histoire de ma vie* (1876), n'est-elle pas chez l'homme un état mystérieux et plein de prodiges inexpliqués ? D'où vient l'enfant ? Avant de se former dans le sein de sa mère, n'avait-il pas une existence quelconque dans le sein de la Divinité ? La parcelle de vie qui l'anime ne vient-elle pas du monde inconnu où elle doit retourner ?

Cette parcelle de vie s'exprime, si l'on en croit George Sand, à travers les passions spontanément éprouvées par l'enfant dans le « milieu surnaturel » qui constitue son contexte de vie « naturel ». Mais n'est-ce pas là cloisonner l'enfance dans le monde du merveilleux, comme si les enfants étaient les seuls à aimer jouer et entendre des contes ?

« Je ne suis pas petite ! J'ai six ans ! »

« Adrien : Comment t'imagines-tu plus grande ?
Mona : Je n'en sais rien ! On verra quand je serai grande. Pour l'instant je suis contente d'être une

enfant. *Je ne suis pas pressée de devenir grande. J'attends que le temps passe. Je vais, par exemple, bientôt avoir sept ans et puis un jour huit.*

Adrien : As-tu l'impression que tu seras différente ?

Mona : Non, pareille !

Adrien : Je prends les choses à l'envers. Quelles idées te viennent quand tu penses à ta vie de bébé ?

Mona : Je ne pense à rien. Je vois un bébé tout nu, c'est tout !

Adrien : Quelle différence y a-t-il, selon toi, entre un enfant et un adulte ?

Mona : Un adulte est beaucoup plus grand qu'un enfant.

Adrien : Plus intelligent ?

Mona : Non !

Adrien : Pourquoi ?

Mona : Tu es philosophe, mais tu me dis parfois des bêtises !

Adrien : Lesquelles ?

Mona : Quand, le soir, avant de m'endormir, tu me racontes des histoires de petites filles romaines qui me ressemblent. Je sais qu'elles n'ont jamais existé.

Adrien : Et pourtant…

Mona : Et pourtant quoi ?

Adrien : Et pourtant, rien ne dit qu'au moins une petite Romaine vivant à l'époque de Jules César n'ait pas ressemblé à ma petite Mona…

Mona : Je ne suis pas petite ! J'ai six ans !

Adrien : Je sais que tu deviens grande, mais j'aime encore t'appeler "Gigotine", comme le faisait ta maman quand elle te portait dans son ventre.

Mona : Tu m'appelles aussi "mon petit bichon" ou "Titi" en me caressant les cheveux ou en me courant après, en disant que tu vas me croquer…

Adrien : J'aime jouer avec toi. Te taquiner, il est vrai…, mais aussi te dessiner…, te "croquer".

Mona : C'est ce que tu fais aussi à l'atelier de Laurent où tu m'as emmenée dessiner l'autre jour ?

Adrien : Oui !

Mona : Moi, j'ai dit à la dame nue que vous dessiniez que je ne savais pas encore dessiner le corps des autres.

Adrien : Elle t'a fait un grand sourire ! T'en souviens-tu ?

Mona : Oui. Et j'ai ensuite dessiné les sculptures de Laurent. »

L'enfance est désir de grandir

> *« L'enfance est certainement plus grande*
> *que la réalité. »*
> Bachelard, *La Poétique de l'espace* (1957).

En demandant à Mona comment elle s'imagine plus grande, je lui pose une question que j'aimais m'entendre poser enfant. Je prenais plaisir à m'imaginer devenu jeune homme, tout en me demandant pourquoi je ne l'étais pas encore. Je pensais à mon grand frère. Comme lui, je me voyais grand tout en paraissant petit à côté des géants. Peut-être avais-je été marqué par l'histoire de David et Goliath. Me voir grand tout en paraissant petit signifiait peut-être aussi à mes yeux le choix d'une ambiguïté motivée par le refus inconscient du caractère figé de l'état adulte. État incarné, de manière absolue, par la figure du géant, dont le corps à la fois plus massif et aérien se distingue des corps grands ou longs. Le corps du géant me semblait donner accès à une autre dimension du monde physique, renvoyer à un autre format du corps. Le corps du géant n'est pas seulement plus grand que celui des autres.

Ce qui me frappait, enfant, en voyant des personnes de petite taille est qu'elles me paraissaient tout de même grandes. Les adultes étaient tous grands à mes yeux. Certains plus que d'autres. Voilà tout. Les uns avaient eu besoin de plus de centimètres que les autres pour atteindre leur taille d'adulte. Je n'avais pas le sentiment d'habiter un corps d'adulte en miniature, mais que les dimensions de mon corps demeuraient étrangères, voire incommensurables à celles des corps adultes. Ces corps érigés et resserrés dans les lieux publics m'évoquaient l'image d'une forêt où les visages s'animaient à la manière de la cime des arbres en période venteuse. J'habitais le monde de la petite verticalité, encore si proche de l'horizontalité et distinct de celui de la verticalité dont Balzac définit le principe dans *Séraphîta* (1835) :

> L'homme, ayant seul ici-bas la connaissance de l'infini, peut seul connaître la ligne droite ; lui seul a le sentiment de la verticalité placé dans un organe spécial.

Mais grandir physiquement, c'est aussi faire l'expérience d'une transformation de sa perception des choses, d'une réorientation de sa sensibilité et d'une rééducation de ses sens. En s'éloignant du sol, notre nez apprend à respirer d'autres parfums. Nos yeux à voir d'une manière différente, au prix parfois de la perte de trésors de perception :

> Nulle part ailleurs [que dans la vaste prairie qui paraissait sans limites à mes explorations d'enfant], dit Hermann Hesse dans *Mon enfance* (1907 et 1948) je n'ai revu des plantains aussi gracieusement élancés, de l'orpin des murailles d'un jaune aussi éclatant, d'aussi brillants et fascinants lézards et papillons, et toute l'insistance de ma raison ne parvient qu'avec peine et bien malgré moi à me faire reconnaître que ce ne sont pas les fleurs ni les lézards qui se sont depuis lors métamorphosés à leur désavantage, mais que seuls mon regard et mon cœur ont changé.

Chaque étape de la croissance du corps suppose également un changement d'échelle de perception, avec l'effort d'accommodation nécessaire. À chacune de ces étapes surgit le questionnement sur les raisons de l'inégalité des tailles entre les individus d'un même sexe et entre les hommes et les femmes. Mais que serait un monde où tous les individus auraient la même taille ? Un monde sans biodiversité ? Je me souviens avoir été, enfant, attiré par les filles plus grandes que moi. En parlant avec elles, je ressentais quelque chose à la fois de proche et de différent de ce que j'éprouvais auprès de mes grandes sœurs. Tout en étant attiré par l'inconnu, je me sentais protégé. Plus tard, j'ai songé au portrait de Lise peint par Hugo dans *Les Contemplations* (1830-1855) :

> Dieu l'avait faite ange, fée et princesse.
> Comme elle était bien plus grande que moi,

Je lui faisais des questions sans cesse
Pour le plaisir de lui dire : Pourquoi ?

Les grands garçons ne m'inspiraient pas la même confiance. Leur taille et leur force étaient pour moi menaçantes. Avoir été jeté dans les orties ou contraint d'avaler de la neige furent autant de cuisantes mésaventures que j'espérais ne plus revivre une fois devenu grand. Sans doute étais-je pour cette raison plus pressé de devenir grand que Mona. Aussi aurais-je pu alors parfois faire mienne la formule d'Alain dans ses *Propos sur l'éducation* (1932) selon laquelle « l'enfant ne désire rien de plus que de ne plus être enfant » :

> [...] toute l'enfance se passe à oublier l'enfant qu'on était la veille. La croissance ne signifie pas autre chose. [...] L'enfance est un état paradoxal où l'on sent qu'on ne peut rester ; la croissance accélère impérieusement ce mouvement de se dépasser [...].

Toutefois, grandir ne présentait pas à mes yeux que des avantages. Comme les adultes, je me figerais peut-être dans mes habitudes. Je ne pourrais plus les critiquer comme je me plaisais tant à le faire. Je ne m'imaginais alors à aucun moment devenir père. Si les enfants existaient, c'était, pensais-je, pour ne pas ressembler à leurs parents. Mais j'ignorais la magie du temps dont l'écoulement insensible sait transmuer en leurs contraires les opinions les plus solidement ancrées dans le sol de l'enfance. Le temps est aussi réversibilité.

L'enfance est création

L'enfance était à mes yeux pur élan créateur, laboratoire où s'invente une vie entière, où l'on ressent les choses avec intensité. Elle ne pouvait que croître avec moi au fil du temps, ne jamais se trouver dépassée. Et encore moins niée. Croître en quête de l'infini en refusant la restriction et la limitation auxquelles se résigne l'adulte, comme le dit si bien Henri Michaux dans *Les Grandes Épreuves de l'esprit* (1966) :

> Étrange planète, que chacun de nous a été. L'homme est un enfant qui a mis une vie à se restreindre, à se limiter, à s'éprouver, à se voir limité, à s'accepter limité. Adulte, il y est parvenu, presque parvenu. L'Infini, à tout homme, quoi qu'il veuille ou fasse, l'Infini, ça lui dit quelque chose, quelque chose de fondamental. Ça lui rappelle quelque chose. Il en vient…

Cet infini originel paraît sinon totalement évanoui, du moins improbable à l'adulte qui n'en connaît que de pâles réminiscences. Le sentiment d'inscription dans les ornières de l'habitude et l'écoulement d'un nombre incalculable de petits instants qui ont sculpté en l'érodant les aspérités de son psychisme lui ont ôté jusqu'à l'idée même de cet infini. La marche des petits instants qui l'a emporté peu à peu loin de l'infini des possibles de sa vie lui rend cette idée même étrangère. Il a, pour paraphraser une formule employée par Novalis dans *Semences* (1797-1798), désappris à trouver le *tout* dans le *rien* pour reconnaître le second dans le premier :

> Dans notre enfance, dit Novalis, lorsqu'une vue, un paysage, un tableau, un son, etc., un récit, une description, une fable, une image poétique, un rêve, nous plaisaient et nous réjouissaient, ce plaisir et cette joie étaient toujours vagues et indéfinis ; l'idée qu'ils éveillaient en nous était toujours indéterminée et illimitée ; chaque consolation, chaque plaisir, chaque attente, chaque dessein, illusion, etc. (et même chaque pensée) de cet âge relève toujours de l'infini : même par les plus humbles objets, notre âme s'en nourrit et s'en satisfait indiciblement. Devenus adultes, qu'il s'agisse de plaisirs ou d'objets plus importants, ou bien de cela même qui nous séduisait dans notre enfance, comme une belle perspective, un paysage, un tableau, etc., ce que nous ressentons n'a plus rien de commun avec l'infini, ou si notre sentiment a quelque chose de vague et d'indéterminé, ce n'est jamais de façon aussi intense, sensible, essentielle et durable.

La raison de cette perte d'intensité de nos sensations d'enfants n'est pas celle de leur émoussement au fil du temps mais de leur transformation en éléments de connaissance :

> Le plaisir de [ces] sensation[s], poursuit Novalis, se détermine et se circonscrit immédiatement dès que nous comprenons quel chemin notre imagination d'enfant a emprunté pour accéder [...] à l'idée et au plaisir indéfinis, et pour s'y maintenir.

Ce qui en nous relève de l'infini, toute « idée indéterminée et illimitée », ne serait ainsi jamais qu'un héritage de notre enfance :

> Observez encore, conclut Novalis, que la plupart des images et des sensations indéfinies éprouvées après l'enfance et durant le reste de notre vie, ne sont peut-être pas autre chose qu'un souvenir de notre enfance, ne se rapportant qu'à elle, ne dépendant et ne dérivant que d'elle, et qu'elles en sont, généralement ou particulièrement, comme le prolongement et la conséquence.

Nulle vie adulte intense et ouverte à un horizon d'infinité ne saurait ainsi jamais se concevoir autrement que comme écho d'une enfance. Faute de quoi l'adulte devient le jouet d'une raison instrumentale lui faisant préférer la logique d'*adaptation* au monde à celle de la recherche d'une *adéquation* à un ordre idéal de choses, la prose des rapports sociaux à la poésie du cœur.

L'adulte n'emprunte que trop peu souvent le pont de l'imagination reliant les dispositions actuelles de son esprit à son souffle premier. Cette *amnésie pneumatique*[1] lui fait oublier l'émerveillement qu'il éprouvait en regardant les pierres au fond d'un ruisseau, le regard perlé d'un orvet, un spectacle de marionnettes, ou en écoutant le chant du coucou, au printemps. Un sentiment d'inertie, de repli sur soi et de rigidification s'oppose en lui au mouvement et au foisonnement qui étaient le sel de sa vie. Celui que l'on peut avoir le

---

1. De *pneuma,* « souffle ».

sentiment de goûter en aimant, en dialoguant avec son enfant ou en dessinant.

« Mais moi, j'ai toujours envie de croire à la souris et au Père Noël ! »

Mona vient de perdre une dent.

« Mona : Maman, je veux savoir la vérité. C'est la souris ou bien toi qui a mis ces cadeaux sous mon oreiller cette nuit ?

Anna : Ben oui…, si tu veux que je te dise la vérité… C'est moi.

Mona : Je suis très déçue ! (Pleurs.)

Dans l'après-midi, Mona tient sa dent dans sa main et fait comme si la souris existait.

« Mona : Maman, dis-moi cette fois la vérité pour de vrai !

Anna : Je te l'ai dite ce matin, Mona. Je ne voulais pas te mentir.

Mona : Tu me fais pleurer ! J'aurais préféré que tu me mentes !

Anna : Mais tu sais, on croit encore à plein de belles choses quand on est grand ! Regarde ce beau coucher de soleil qui fait rêver ! »

Le soir, à table.

« Mona : Et le Père Noël ? Tu y crois, maman ?

Anna : Moi je croyais au petit Jésus quand j'étais petite.

Mona : Pourquoi ?

Anna : Parce que Noël c'est la fête de la naissance d'un enfant, le petit Jésus, de Dieu qui s'est fait homme.

Mona : Je comprends, mais j'ai toujours envie de croire au Père Noël !
Anna : Rien ne t'empêche d'y croire !
Mona : Flore n'y croit plus, mais moi j'ai envie d'y croire !
Anna : On peut croire à des choses qui n'existent pas et ne pas croire à des choses qui sont réelles. »

L'enfance est dilemme

En écoutant Mona demander à Anna si la souris existe ou non, je me souviens avoir été tenté d'y croire le plus longtemps possible, malgré mes doutes. J'avais, pour m'y aider, imaginé l'existence de mondes parallèles qui ne pouvaient jamais se rencontrer. Je tenais une explication qui m'évitait de me poser la question du mensonge. Si les adultes nous racontaient ces histoires, c'est qu'ils avaient leurs raisons de le faire. Je ressentais de l'amour venant de leur part, non le désir de tromper mais peut-être seulement de créer une connivence. S'agissait-il d'une manière de conclure un marché ? Marché consistant à compenser de façon symbolique la perte, même provisoire, d'une partie de nous-mêmes. Il ne s'agissait pas là, je le pressentais, d'un contrat de dupes ou encore d'un simple moyen d'enjoliver la réalité, mais d'une tradition : celle apparemment forgée par les règles du métier de parents. Certes, non sans bercer avec malice l'enfant d'illusions. L'adulte sait que la nature apportera elle-même sa contribution avec la pousse de nouvelles dents et qu'il ne fait qu'anticiper son action. Il a, d'une certaine manière, le beau rôle.

Or, ce rôle, il cesse de le tenir en demeurant silencieux devant les indices corporels du passage de l'enfance à la puberté. La désillusion, parfois violente, s'empare alors de l'adolescent. À quoi tient-elle ? À la seule transformation de la parole de l'adulte en silence ? Ou bien à la difficulté de penser le passage de l'enfance aux prémices de l'âge adulte ? Peut-être cette vacance de la pensée explique-t-elle paradoxalement la ruine de la croyance – que l'on aurait ainsi tort d'opposer trop facilement à la pensée. Dans l'*Enquête sur l'entendement humain* (1758), Hume définit en effet la croyance comme étant « quelque chose de senti par l'esprit » opposant aux « fictions de l'imagination » les « idées du jugement » :

> La croyance, ajoute Hume, n'est rien qu'une conception d'un objet plus vive, plus vivante, plus forte, plus ferme, plus stable que celle que l'imagination seule est jamais capable d'obtenir. [Elle est] cet acte de l'esprit qui rend les réalités, ou ce que nous prenons pour tel, plus présentes à nous que les fictions, les fait peser davantage dans la pensée et leur donne une influence plus grande sur les passions et sur l'imagination.

Croire, c'est parfois se tromper, mais c'est aussi donner une certaine force et une vivacité autre à nos idées. Peut-être est-ce la raison pour laquelle Mona finit par faire comme si la souris existait à nouveau, ajoutant à mon adresse que les parents devraient préférer savoir mentir plutôt que ne rien dire ou dire la vérité à leurs enfants… En écho à l'analyse de sa propre enfance proposée par George Sand dans *Histoire de ma vie* (1876), peut-être est-il possible de conclure que les questions et les doutes ici formulés par Mona ne sont pas encore signes d'un dégoût pour le merveilleux ayant pourtant cessé d'être son aliment naturel.

Après avoir une première fois mis à l'épreuve la sincérité d'Anna, Mona revient à la charge : « Et le Père Noël, tu y crois, maman ? » Elle préfère passer outre la distinction opérée par Anna entre le folklore et la fête religieuse en lui disant : « Je comprends, mais j'ai toujours envie de croire au Père Noël ! » Anna comprend que l'on puisse préférer croire à la figure d'un père universellement rassurant et généreux qu'à attendre les bienfaits d'un être qui, tout en étant le fils de Dieu, se montre vulnérable. Bien qu'admiré par les Rois mages guidés vers lui par une étoile joyeuse, il ne peut que recevoir. Il est l'être en la générosité duquel l'enfant ne peut croire parce qu'enfant. Je me souviens toutefois avoir éprouvé, enfant, quelque difficulté à comprendre pourquoi la fête de la Nativité était devenue celle de tous les enfants (et non d'un seul), comblés par un Père universel, auteur de la magie d'une nuit, si étrangère au miracle de l'incarnation du divin. Magie qui m'a, comme bien d'autres, longtemps captivé en me faisant trouver par contraste plus terne le reste de l'année et voir d'un mauvais œil l'enlèvement de la parure du sapin de Noël auprès duquel j'aimais rester assis.

« *Je veux que ce soit maman !* »

« Mona : J'espère qu'on ne sera jamais ce soir !
Adrien : Pourquoi ?
Mona : Parce que je n'ai pas envie que maman aille au cinéma ! Faites qu'on ne soit jamais ce soir !

Adrien : Mais je te raconterai une belle histoire.
Mona : Je voulais que ce soit maman ce soir.
Adrien : Notre cher petit tyran domestique… !
Mona : Non ! C'est vous qui… ! »

L'enfance est tyrannie

Dans la scène qui précède, Mona tente de retenir sa maman à la maison en faisant le vœu d'une suspension du temps (« j'espère qu'on ne sera jamais ce soir »). Comme s'il était possible d'isoler les unes des autres les séquences plus ou moins plaisantes de notre vie. Comme si les séquences les moins plaisantes pouvaient être annulées par un décret de la volonté, éloignées de l'horizon d'un revers de main ! L'espoir de Mona porte ici sur l'existence d'une solution radicale : celle de l'abolition d'un temps de la journée (le soir) afin de rendre impossible l'événement auquel il donnera lieu (la sortie au cinéma de sa maman). La logique ici déployée est implacable : « Si le soir ne tombe pas, maman n'ira pas au cinéma et restera avec moi parce que j'en ai envie ! » Le conte de fées que se raconte ici Mona est celui de la soumission des êtres que l'on aime le plus à ses propres désirs, sans voir que nous les étouffons, que leur bonheur n'est pas nécessairement le nôtre. Comprenant que son seul désir ne suffira pas à retenir sa maman, Mona invoque une instance extérieure au théâtre familial susceptible d'arrêter le cours du temps : « Faites qu'on ne soit jamais ce soir ! » J'interviens alors pour lui parler d'une autre dramaturgie possible : celle de la « belle histoire » que je lui raconterai. Rien n'y fait. Peu importe le contenu de l'histoire, l'essentiel est que ce soit maman qui la raconte. Faute de quoi elle perdrait toute saveur. Tout en comprenant Mona, je lui signifie que son attitude relève de l'abus de pouvoir, d'un acte de tyrannie domestique, quel que soit le caractère adorable de son auteur. Ma remarque l'irrite et la conduit à rendre ses deux parents responsables des crêtes de despotisme que je vois poindre dans son attitude. Mona sous-entend alors que nous la mettons dans une situation qui ne lui laisse nul autre choix possible. Au bout du compte, Anna ira au cinéma et je commencerai à raconter à Mona la longue guerre de Jugurtha, roi de Numidie (l'Algérie d'aujourd'hui), ancêtre de son papi Ali, contre les Romains, dont il avait été l'ami. Mona voudra, ce soir-là, toujours en savoir plus. Mais elle devait retourner à l'école le lendemain…

Le déni du désir d'autrui, plus que l'usurpation en laquelle consiste la tyrannie, constitue une tentation, voire une tendance commune de notre existence. Je me souviens avoir éprouvé, alors âgé de quatre ans, une certaine contrariété lorsque l'une de mes sœurs aînées m'a appris qu'elle allait se marier. Comme pour me consoler, ou du moins, atténuer sur moi l'effet de surprise produit par l'annonce de cette nouvelle, ma sœur m'offrit un petit coffre aux trésors auquel elle semblait tenir beaucoup. Ce cadeau m'a ému. Même si ce petit coffre dont je connaissais l'existence me plaisait, jamais je n'aurais osé demander à ma sœur de me l'offrir. Quelque chose avait poussé ma sœur à me faire cadeau de cette part d'intimité qui marquait la signature d'un pacte entre nous. Je compris ce dont il était ici question bien des années plus tard, au cours d'une réunion de famille où nous évoquions des souvenirs. « Quand tu étais petit, dit alors ma sœur, tu étais un vrai tyran ! » Cela sans faire le moins du monde allusion à nos tractations d'antan. Mais je ne puis m'empêcher de faire le rapprochement. Je m'étais indubitablement conduit en tyran. En laissant contrefaire ma nature par la tyrannie – dont Vittorio Alfieri dit dans *De la tyrannie* (1789) qu'elle « bouleverse, affaiblit ou annule [...] presque tous les sentiments naturels » ? Ou bien en tombant dans le piège tendu par toute relation de type fusionnel où la confidence l'emporte sur la discussion ?

L'enfance est éternité

Paradoxalement, le fait d'être sur le point de devenir parent nous rapproche du temps de notre enfance. « Temps éternel de l'enfance », disait Kafka dans son *Journal intime* (1910-1923). Temps qui n'en est plus un car situé hors du temps, comme si l'enfance n'avait ni commencement ni fin. Cette sortie du temps n'est pas celle habituellement associée au « temps de l'enfance » vers les mondes de l'imaginaire, à travers la lecture d'histoires et de contes. Elle est ouverture aux éternelles questions concernant le temps, la vie, l'amour, la mort, la nature et les hommes.

Notre enfance « passe » ainsi sans passer. Non au sens qu'elle nous condamne à demeurer d'éternels enfants, mais qu'une porte reste pour nous ouverte sur un champ de création et d'invention.

L'enfance est une terre désertée

Dans la mesure où notre enfance est la première à connaître le destin d'une disparition, nous sommes spontanément inclinés à croire que le souvenir constitue la voie d'accès privilégiée aux sensations, émotions et pensées qui y étaient les nôtres.

Le souvenir exhume, et peut-être ressuscite, la partie la plus « antique » de la construction de notre individualité subsistant en nous à l'état de *vestige*. Ce faisant, et quel que soit le plaisir éprouvé, nous prenons conscience du caractère devenu étranger des sensations, émotions et pensées que nous éprouvions alors que nous étions enfants. Cependant, tout en demeurant l'un des centres de gravité de nos souvenirs, l'enfance est reléguée au statut d'étrangère à notre présent.

Arrachée au pays ou au *lieu* dont elle était l'habitante, l'enfance est peu à peu colonisée par la rationalité adulte. L'enfance est ainsi autre qu'un simple « état » hors duquel l'éducation a pour fin de nous transporter. Ne plus habiter le lieu de l'enfance, c'est en quelque sorte ne plus habiter notre existence, la déserter.

L'enfance est un voyage périlleux

Le pays de l'enfance est aussi « œuvré » à la manière d'une terre hostile au principe de raison. Si au principe d'inégalité entre le statut de l'enfant et celui de l'adulte s'est peu à peu substitué – du moins en droit – celui de leur égalité, l'enfance demeure en nous ce que Sidi

Mohammed Barkat appelle une *présence sans existence*. Mais cette cessation d'existence de l'enfance en nous tient-elle à son appartenance à notre « vie morte », à jamais révolue, ou bien à l'éviction de ce qui en elle était la vie ?

Les puissances de vie et de pensée de l'enfant sont, dans ce second cas, non pas rendues obsolètes, mais captées, neutralisées, bien avant l'achèvement de sa *migration* vers l'âge adulte – censé permettre l'accomplissement de ces mêmes puissances. Toutefois, ces forces élémentaires de vie ne sont pas soumises, chez l'enfant, au même conditionnement que chez le migrant adulte, « être en suspens, en attente, dans l'incertitude indéfinie de pouvoir jamais rejoindre un pays ». L'enfant est en effet censé pouvoir et devoir rejoindre un jour le pays de la Raison.

Réduite à sa seule présence dans le souvenir et associée à la période « sauvage », irrationnelle ou « animique » de notre vie, l'enfance est perçue comme irréductiblement étrangère à l'âge adulte.

Mais, essayer de la retrouver, c'est s'exposer au risque de s'y abîmer – et non simplement d'y retomber, comme nous avons l'habitude de le dire. Le voyage est périlleux, avec ses sirènes et ses détroits. C'est s'exposer au risque d'une douloureuse anamnèse : revivre – cette fois avec le recul – les étapes du refoulement de notre *moi animal* par notre *moi moral*, que décrit Nietzsche dans *La Généalogie de la morale* (1887) :

> La matière sur laquelle s'exerce la nature formatrice et dominatrice de cette force est ici l'homme même, son ancien moi animal – et non [...] l'*autre* homme, les

autres hommes. Cette secrète violation de soi-même, cette cruauté d'artiste, cette volupté à se façonner comme on ferait d'une matière résistante et sensible, à se marquer de l'empreinte d'une volonté, d'une critique, d'une contradiction, d'un mépris, d'une négation, ce travail inquiétant, plein d'une joie épouvantable, le travail d'une âme volontairement disjointe qui se fait souffrir par plaisir de faire souffrir, toute cette « mauvaise conscience » agissante, en véritable génératrice d'événements spirituels et imaginaires, a fini par amener à la lumière – on le devine déjà – une abondance d'affirmations, de nouvelles et d'étranges beautés, et peut-être lui doit-on même la naissance de la beauté même.

Nietzsche analyse ici les raisons pour lesquelles des notions aussi contradictoires que le désintéressement, l'abnégation, le sacrifice de soi peuvent renvoyer à un idéal et figurer la beauté, qu'il associe à la cruelle volupté procurée par le refoulement des *forces vivantes*, en tant qu'expression de *forces réactives* produisant l'étranglement, l'étouffement et l'introversion de l'*instinct de liberté*. Liberté d'une vie qui se fraye un chemin en toute innocence.

L'effroi suscité devant le spectacle de ce refoulement des forces de la vie, conséquence de l'adhésion à un principe de raison d'inspiration théologique (l'idéal ascétique) ou communautaire, qui s'offre aux yeux de quiconque entreprend la traversée de l'océan qui le sépare de son enfance inspirera-t-il résignation ou invention d'une autre manière de devenir adulte ?

L'enfance est migration

« En outre, qu'est-ce que la vie qu'on vit enfant ?
Certes, personne, dans son bon sens,
ne souffrirait d'y retourner. »
Aristote, *Métaphysique* (IVe siècle av. J.-C.).

Le devenir adulte initié par les institutions que sont la famille, l'école et le travail, tout en donnant forme à la vie de l'enfant, dépossède celui-ci de tout lieu de construction à la fois sensible et rationnelle du pays de la maturité. Le merveilleux qui connote l'imaginaire de l'enfant se trouve ainsi dénigré et folklorisé. Ses propres rêves semblent chimériques, de sorte qu'aucune réalité commune, sinon le fait d'avoir été enfant, ne semble pouvoir rapprocher l'adulte de l'enfant.

Le regard de l'adulte associe la beauté à la perfection. Supposé être caractérisé par l'achèvement – en tant que perfection – du développement des facultés mentales et physiques de l'enfant, l'âge adulte serait en tout point préférable à l'enfance. Succédant à l'âge médian ou « moyen » de l'adolescence – au « Moyen Âge », après l'« Antiquité » de l'enfance –, l'âge adulte nous permettrait, avec la force qu'il procure, d'échapper à la vulnérabilité et aux infirmités de l'enfance, avant d'être soumis à celles de la vieillesse. Contrairement à celles-ci, les infirmités de l'enfance ne seraient pas compensées par l'élévation et la profondeur procurées par l'expérience. Pourtant, force est de constater la maturité d'esprit d'enfants confrontés à des situations difficiles. La vulnérabilité de l'enfant n'est pas nécessairement synonyme de faiblesse.

La véritable infirmité de l'enfant ne tient-elle pas au confinement de la vie dans son corps pour l'empêcher de déborder dans celui de l'adulte ? Notre enfance n'a, en effet, voix au chapitre que confinée dans les territoires de la rêverie et d'une métaphysique mâtinée de magie. Or, de combien de pensées fécondes n'était-elle pas le foyer ou n'aurait-elle pu le devenir ?

Notre enfance est mère de devenirs confinés, plus que de virtualités non réalisées. L'âge adulte a arraché notre enfance à sa terre de fantasmagories, d'errances, de tyrannies, de colères, de chagrins, de méchancetés, de possessivités, mais aussi de symboles, d'intuitions depuis vérifiées, de sagesse, de patience, de joies, de gentillesse et d'amour, d'attention fascinée aux formes de vie animales, végétales et minérales.

Semblable à la psychologie des dieux de l'Antiquité, celle de l'enfant constituerait le contre-modèle d'une humanité psychiquement accomplie, une « nature migrante » à domestiquer.

L'enfance est réveil

Mais, si fondé en raison que semble ce projet, n'est-il pas permis d'y voir l'expression d'une forme de *narcissisme adulte* qui confond la pensée – en tant que création de concepts – avec la réflexion ? Les pensées de l'adulte ne viennent-elles pas à lui plutôt qu'il ne les fait advenir ? Ce qui semble d'autant plus vrai à l'occasion d'événements marquants de notre existence. Ainsi, l'approche de la naissance de Mona m'a-t-elle fait ressentir le besoin de raconter l'histoire de la vie de mes parents pour mieux comprendre la singularité de la mienne. La venue de notre enfant ébranlait peut-être les fondements de mon narcissisme adulte. Le monde avait cessé d'être le miroir où venaient se réfléchir mes pensées. Le souvenir le plus marquant que je conserve de cette période prénatale est celui d'une course après une certitude de soi dont je me sentais dépossédé : celle du caractère précieux de la sensibilité à laquelle la société demande à chaque petit garçon de tordre le cou. Pour devenir « un homme » ! Ce que je n'avais jamais vraiment consenti à faire. Or, j'allais devenir père… ! N'allais-je pas devoir renoncer à mon idéal ? J'eus alors le sentiment que mon idéalisme m'avait enfermé dans une posture défensive. Résister à l'emprise des représentations sociales de la virilité m'avait, à mon insu, rivé à mon moi, enfermé dans ma subjectivité. Le doute s'est alors emparé de moi. Ce qui m'avait poussé à résister aux comportements de genre pendant près de quarante ans n'était-il pas une simple variante intellectualisée du narcissisme adulte, à savoir le *narcissisme idéaliste* ? Mais peut-être me trouvais-je aussi alors, en me mettant à écrire l'histoire de mes parents et du destin de leurs enfants, l'esprit en alerte et les sens aux aguets, en quête d'une sortie du carcan de ma subjectivité. Ce travail m'a de surcroît permis de me remémorer la scène inaugurale de mon entrée en philosophie. J'allais avoir dix ans :

Réveil. – Retour au sentiment de soi évanoui dans le sommeil. Autour, les murs sont blancs. Le ciel est bleu. Un rayon de soleil traverse la pièce. Jaune, blanc et bleu sont les couleurs du drapeau d'une contrée de vie inespérée. Que sépare cette vie de celle d'avant ? Mais cette vie est-elle seulement révolue ? Suis-je certain de n'y avoir plus part ? S'est-il seulement passé quelque chose ? Ne suis-je pas en train de rêver tout éveillé que quelque chose a eu lieu ? Et si oui, que s'est-il effectivement produit ? En quoi, allongé dans mon lit, puis-je être certain qu'il s'est passé quelque chose ? Mon esprit vient à douter de ce que mon corps éprouve. Mais qu'éprouve-t-il ? Rien encore. Quel vide de sensations ! Mais enfin, m'ont-ils seulement touché ? Rien cette fois encore ne me permet de le supposer. Comment être sûr d'exister, de vivre, sans éprouver ? Si j'avais su, je ne me serais pas laissé opérer ! N'eût-il pas été préférable de mourir pour de bon ? Les sourires de ceux qui m'entourent, apparemment contents d'eux, ne m'apprennent rien. S'est-il seulement passé quelque chose ? Mes mains attachées m'empêchent de me saisir du courage requis pour en avoir le cœur net. Sortir de ce cauchemar d'insensibilité. Est-ce si sûr ? Insensibilité de quelle sensibilité ? Sensibilité de quelle insensibilité !

Ce souvenir du moment de mon entrée en philosophie, bien avant la classe de terminale, je le dois à l'approche de la venue de Mona qui m'a apporté une part d'enfance et la philosophie d'une existence en héritage. L'enfance n'est pas cantonnée aux limites chronologiques d'un âge. Croire le contraire, c'est sans doute se transformer en sujets fictifs supposés dotés du pouvoir d'administrer nos vies à la manière de biens matériels. C'est aussi accorder une valeur différenciée à chaque époque de notre vie. Ce faisant, nous boudons le trésor de notre enfance, laquelle se trouve séparée de l'âge adulte par le jugement dépréciateur ou nostalgique. L'héritage de biens matériels nous ramène à l'ordre de la quantité. Celui de notre enfance, à la vie elle-même en tant que débordement et transport hors de soi.

Ce transport hors de soi n'est pas projection des catégories mentales d'un sujet sur le monde mais fait d'être porté par les puissances de la vie. Le sujet s'efface pour laisser place au devenir imperceptible[1]. L'enfance ainsi envisagée peut certes faire peur, dans la mesure où elle échappe au contrôle des représentations que nous faisons d'elle, qui l'arraisonne et lui dicte son *devoir-être*.

---

1. Gilles Deleuze appelle « devenir imperceptible » le processus de délestage de notre subjectivité, au profit de l'affirmation des puissances de vie qui nous traverse.

Chapitre II

2

Qu'est-ce que la philosophie ?

« *Même jeune on ne doit pas hésiter à philosopher.* »
Épicure, *Lettre à Ménécée* (IIIe siècle av. J.-C).

S'efforcer de parler de la philosophie avec les enfants autrement que sur le mode didactique conduit l'adulte à reformuler son propre rapport à la pensée. Comment ? En laissant parler des souvenirs qui engagent des sensations éprouvées par son propre corps ou les rêveries inspirées par les animaux qu'il s'est plu, enfant, à caresser, à dessiner ou à regarder simplement vivre.

« Mais la sagesse n'est pas une fille ! »

Mona, qui vient de se lever après sa grasse matinée du dimanche, demande à Adrien, son père, ce qu'est la philosophie :

« *Mona : Papa, c'est quoi la philosophie ?*
Adrien : Quand j'avais ton âge, je ne connaissais pas le mot "philosophie" mais celui de "sagesse".
Mona : Et qu'est-ce qu'un philosophe ?

Adrien : J'ai appris plus tard que le mot "philosophe" signifie "amoureux de la sagesse".

Mona : Mais la sagesse n'est pas une fille !

Adrien : Si ! Elle s'appelle Sophie.

Mona : Pourquoi ?

Adrien : Parce que le prénom Sophie vient du mot grec sophia, *qui signifie "sagesse". J'ajoute qu'un poète célèbre écrivait un jour à l'un de ses amis : "Ma discipline préférée s'appelle au fond comme ma fiancée. Elle s'appelle Sophie – La philosophie est l'âme de ma vie et la clef de mon moi le plus intime[1]."*

Mona : Étais-tu sage ?

Adrien : Pas toujours. Maman me disait souvent : "Sois sage !" Elle me disait aussi : "Il faut être raisonnable !"

Mona : Ça veut dire quoi, être raisonnable ?

Adrien : Quand maman me demandait d'être raisonnable je ressentais la même sensation de douceur qu'en l'écoutant me parler ou en buvant un sachet de vitamine C quand j'étais malade. Je buvais le mot "raisonnable" comme les paroles de maman et la vitamine C, au point de croire que je pouvais ressembler à ce mot et de regretter mes entêtements.

Mona : Tu faisais la tête ?

Adrien : Non, mais je n'en faisais qu'à ma tête.

Mona : Ça veut dire quoi ?

Adrien : Être têtu.

Mona : Comme un âne ?

Adrien : Exactement. »

---

1. Novalis à Friedrich Schlegel, 8 juillet 1796.

Philosopher, c'est oser penser

> *« On se plaint de l'état de l'enfance ;*
> *on ne voit pas que la race humaine eût péri,*
> *si l'homme n'eût commencé à être enfant. »*
> Rousseau, *Émile ou De l'éducation* (1762).

Le fait qu'une enfant de six ans éprouve de la curiosité à l'égard de la philosophie et prenne activement part à une discussion de nature philosophique peut paraître surprenant. Longtemps associée à l'indigence d'esprit, l'enfance est, en effet, aujourd'hui encore, souvent considérée comme âge de l'immaturité. Cette conception n'est pas le produit du seul préjugé. Elle est aussi partagée par de grands philosophes. Ceux-ci considèrent l'enfant comme être privatif, dépourvu des facultés (principalement la raison) qui définissent le sujet adulte. Ainsi, Spinoza définit-il l'enfance comme mal nécessaire « adouci par la pensée [qu'il est] inévitable ». Ce « mal » tenant aux lois de notre complexion est aussi, selon Descartes, cause de nos erreurs et origine de nos préjugés.

Non moins péjoratif est le jugement porté sur l'enfance par Buffon, dans son *Histoire naturelle de l'Homme* (1788) :

Tant pour l'esprit que pour le corps, l'enfant n'est rien, ou n'est que peu de chose jusqu'à l'âge de la puberté ; mais cet âge est l'aurore de nos premiers beaux jours, c'est le moment où toutes nos facultés, tant corporelles qu'intellectuelles, commencent à entrer en plein exercice, où les organes ayant acquis tout leur développement, le sentiment s'épanouit comme une belle fleur, qui bientôt doit produire le fruit précieux de la raison.

En continuant de filer les métaphores arboricoles ici employées par Buffon, et en cohérence avec sa pensée, il est possible de conclure que l'enfance n'est pas même semence de l'âge adulte. Un saut qualitatif effectué lors de la puberté marquerait, en effet, l'incommensurabilité de celui-ci avec celle-là. La puberté serait ainsi non pas période de transition – celle du devenir adulte ou « adolescence » –, mais de *mutation*, sans laquelle la « fleur du sentiment » ne saurait se transformer en « fruit de la raison ».

Mais, délivrance du néant de notre enfance, la puberté ne serait-elle pas, comme le déplorera Hermann Hesse dans *Demian* (1919), désagrégation d'une enfance se détachant peu à peu de nous, plongée dans l'abandon de tout ce qui nous était cher, condamnation à une solitude glacée et à « la double existence de l'enfant qui n'est plus un enfant » ?

Ma conscience, dit ainsi Hermann Hesse, [...] niait le nouveau monde naissant. Mais à côté de cette existence, j'en menais une autre, vie souterraine de rêves, d'instincts, de désirs obscurs, par-dessus laquelle la vie consciente jetait des ponts de plus en plus fragiles, car le monde de mon enfance s'écroulait. Comme la plupart des parents, les miens [...] appuyèrent seulement avec une patience infinie mes efforts désespérés pour nier la réalité et continuer à vivre une existence d'enfant qui devenait toujours plus irréelle et mensongère.

Le déni de réalité auquel se trouve confronté l'adolescent à l'enfance ravagée par le séisme de la puberté renforce le caractère tragique, tout aussi ignoré, de cette période cruciale de la vie.

Philosopher, c'est cultiver ses sensations

L'enfant que nous avons été était sans doute réceptif à beaucoup plus de choses que celles dont nous nous souvenons une fois devenus adolescents, puis adultes. Ainsi que le suggère saint Augustin dans *Les Confessions*, la vivacité du sentiment d'existence de l'enfant que nous étions, sa sensibilité, sa force de caractère, son discernement, son amour du vrai et du savoir, sa loquacité et sa mémoire nous sont en quelque sorte devenus étrangers :

> Car, dès cet âge j'existais, je vivais, je sentais, j'avais à cœur de défendre l'intégrité de mon être, reflet de l'unité mystérieuse d'où je sortais ; je veillais à l'aide du sens extérieur sur l'intégrité de mes sens, et même dans mes petites pensées et les petites choses qui en faisaient l'objet, la vérité me charmait ; je ne voulais pas être trompé ; ma mémoire était bonne, je savais parler. Je fuyais la douleur, la honte, l'ignorance. Tout cela chez l'enfant que j'étais, n'étais-ce pas étonnant, merveilleux ?

L'enfant peut donc philosopher sans avoir encore atteint la sagesse et en l'absence de ce que Descartes appelle, dans les *Principes de la philosophie* (1644), la « parfaite connaissance de toutes les choses que l'homme peut savoir, tant pour la conduite de sa vie que pour la conservation de sa santé et l'invention de tous les arts ». Sa philosophie est d'abord une philosophie des sens, dans la mesure où il commence par la connaissance sensible des choses, de leur logique concrète que sa réflexion s'exerce à découvrir.

Comme le montre Olivier Cauly dans *Comenius. L'utopie du paradis* (2000), la culture des sens et des facultés représentatives (imagination et mémoire) constitue, selon Comenius, le préambule nécessaire de la connaissance rationnelle. L'enfant ne connaît le monde qu'après l'avoir arpenté dans sa réalité profuse au moyen de ses sens. Sa sensibilité est ce qui l'ouvre au monde en lui faisant découvrir une foule de différences. Son imagination et sa mémoire, qu'il développe ce faisant, constituent la médiation entre ce qu'il sait de manière sensible et ses pensées.

« Mais les moutons ne sont pas toujours si sages ! »

« Adrien : Je voulais te dire tout à l'heure que les ânes ont des raisons d'être têtus avec les maîtres qui les maltraitent. Mais les parents ne se conduisent pas comme les maîtres des ânes quand ils demandent à leurs enfants de rester gentils, raisonnables ou doux.
Mona : Doux comme des agneaux ?
Adrien : Cela est bien difficile. Peut-être est-ce la raison pour laquelle, enfant, j'aimais tant dessiner des moutons. Je passais mes journées à cela.
Mona : Tu n'allais pas à l'école ?
Adrien : Non.

Mona : Pourquoi ?

Adrien : J'étais malade et le médecin qui me soignait ne voulait pas que j'y aille.

Mona : Cela te consolait de dessiner des moutons ?

Adrien : Oui. Je n'ai pas appris à compter les moutons pour m'endormir. Je les dessinais pour me tenir éveillé dans le long sommeil des journées que je devais passer à attendre que mes deux petites sœurs rentrent de l'école et jouent avec moi. Le parfum du dehors qu'elles me ramenaient et les histoires qu'elles me racontaient me faisaient rêver. Comme les moutons que je dessinais, j'étais enclos dans un espace : celui de ma solitude. En dessinant leur toison, je ne pouvais m'empêcher de la comparer aux nuages parcourant lentement le ciel d'une prairie colorée d'espoir.

Mona : Quel espoir ?

Adrien : Curieusement, moins de m'échapper de ma clôture que de ressembler aux sages moutons qui s'y trouvaient. Moins de guérir que d'apprendre à vivre, et peut-être à mourir, heureux. "Bien vivre et bien mourir constituent un même exercice", dit Sénèque dans La Vie bienheureuse.

Mona : C'est comme ça que tu es devenu philosophe ?

Adrien : En apprenant à devenir patient, peut-être…

Mona : Mais les moutons ne sont pas toujours si sages ! Comme tu me le racontais, ceux du marchand Dindenault, criant et bêlant, se sont jetés à la mer, l'un après l'autre, sans réfléchir, pour suivre leur compagnon que Panurge venait d'y jeter.

Adrien : Peut-être ne faut-il pas être trop sage… Telle est, me semble-t-il, l'une des leçons de Rabelais.

Mona : Je répéterai à maman ce que tu viens de dire ! »

Philosopher, c'est contredire nos représentations

Le spectacle d'un troupeau de moutons paissant paisiblement peut faire naître, chez l'enfant, les pensées les plus inattendues. Chacun de ces animaux semble déchiffrer l'herbe qu'il broute à la manière des lettres d'un alphabet, tant il y met de l'application. Chaque mouton accomplit ce patient travail sans jamais s'éloigner de ses congénères. En cas de danger, les moutons ne sont pas aussi prompts qu'on le dit à abandonner les occupations auxquelles ils vaquent. Aristote a ainsi tort de les considérer comme animaux naïfs, inintelligents et incapables d'initiative. De même, La Fontaine se montre-t-il injuste en en faisant, dans sa fable intitulée « Le berger et son troupeau », le symbole de la lâcheté (« Un loup parut : tout le troupeau s'enfuit ! » dit le texte de la fable). D'autres enfin définissent leur comportement comme contre-modèle de celui de l'esprit libre :

> *Instinct de troupeau*. — Partout, dit Nietzsche dans *Le Gai Savoir* (1882-1885), où nous rencontrons une morale, nous rencontrons une évaluation et un classement hiérarchique des instincts et des actes humains. Ces classements et ces évaluations sont toujours l'expression des besoins d'une communauté, d'un troupeau : c'est ce qui profite au troupeau, ce qui lui est utile au premier chef – et au second, et au troisième – qui sert aussi de mesure suprême de la valeur de tout individu. La morale enseigne à celui-ci à être fonction du troupeau, à ne s'attribuer de valeur qu'en fonction de ce troupeau. [...]. La moralité, c'est l'instinct grégaire chez l'individu.

Mais les moutons sont-ils à ce point sujets à l'instinct grégaire ? Ne savent-ils pas se singulariser ? À aucun moment l'ennui ne saisit quiconque prend le temps de s'asseoir auprès d'eux. Chacun avance pas à pas, à son rythme, sans donner l'impression de se référer à une norme collective de jugement – de soi et des autres. Aucun d'entre eux ne semble habité par la culpabilité. La marche lente du troupeau vers le haut du pâturage, comme pour rejoindre les nuages blancs du ciel, figures d'une autre sagesse, mime un décollage auquel nous avons le sentiment de participer. Cette ascension rêvée tout éveillé procure l'agréable sensation d'échapper au poids de ce qui fige et de ce qui pousse les uns et les autres à entrer en compétition.

Philosopher, c'est apprendre à courir lentement

> *« En philosophie, celui qui gagne la course est celui qui est capable de courir le plus lentement. »*
> Wittgenstein, *Remarques mêlées* (1914-1951).

L'éloge ici fait de la lenteur par Wittgenstein s'inscrit à contre-courant de la quête contemporaine du dépassement perpétuel de ses propres limites, qui s'accomplit sous la forme d'une fuite en avant ou course folle de ce que, dans sa *Science de la logique* (1808-1816), Hegel appelle le « faux infini » :

II est fastidieux de se laisser aller à la considération de ce progrès infini, parce qu'ici la même chose se répète continuellement. Une limite est posée, elle est dépassée, puis c'est à nouveau une limite, et ainsi de suite à l'infini. Nous n'avons donc ici rien d'autre qu'une alternance superficielle qui reste toujours dans le fini. Si l'on s'imagine se libérer du fini en s'engageant dans cette infinité-là, c'est là en réalité seulement la libération de la fuite.

Être en fuite ne signifie pas, en effet, selon Hegel, avoir déjà gagné la liberté, mais demeurer conditionné par la réalité même que l'on fuit, en l'occurrence la finitude. Fuir n'est ainsi, en ce sens, jamais que quête d'un faux infini. Or, cette quête est aujourd'hui devenue exigence – d'un dépassement incessant de ses limites –, comme s'il suffisait de nier le fini pour atteindre l'infini ! Ce qui suppose la connaissance de la nature du « véritable infini », lequel, comme le montre Hegel, consiste en l'unité de l'infini et du fini. Unité qui révèle l'inanité de tout mouvement de fuite en avant qui nous empêche d'éprouver la vie en nous et autour de nous, d'assister à sa perpétuelle naissance.

Philosopher, c'est restituer les rapports des choses entre elles

S'il veut assister à la naissance des choses et des êtres au sein du monde qu'il a sous ses yeux afin de les penser, le philosophe doit savoir s'arrêter, à la manière du dessinateur désireux de restituer patiemment, et non sans tâtonnements, l'ensemble des rapports des choses entre elles. Aussi, dit encore Wittgenstein :

Les philosophes sont souvent comme ces petits enfants qui crayonnent quelques traits au hasard sur un papier, et qui demandent ensuite à une grande personne : "Qu'est-ce que c'est ça ?" – L'enchaînement est le suivant : la grande personne a bien souvent dessiné quelque chose pour l'enfant, lui disant : "Ça, c'est un homme ; ça, c'est une maison, etc." Maintenant, c'est l'enfant qui fait des traits et qui demande : "Et ça, qu'est-ce que c'est ?"

Ces questions, auxquelles l'interlocuteur « adulte » ne sait que rarement répondre, contraignent le philosophe à un travail sur lui-même, à l'élaboration d'une conception propre, à la définition de la manière dont il voit les choses et de ce qu'il attend d'elles, au risque de se tromper souvent.

Philosopher, c'est penser plutôt que savoir

Le philosophe n'est, en effet, pas un savant. Sa recherche lui apporte moins de connaissances qu'il ne le dote des sens et du flair requis par l'attention singulière qu'il prête au monde :

On rencontre, dit Wittgenstein, des gens qui disent que, n'ayant pas appris la philosophie, ils ne peuvent juger de ceci ou cela. C'est un non-sens exaspérant, car il présuppose que la philosophie soit une sorte de science. L'on parle d'elle ici un peu comme de la médecine. – Ce qu'on peut dire, en revanche, est que ceux qui n'ont jamais entrepris une recherche de nature philosophique [...] ne sont pas équipés des instruments visuels qui conviennent à une recherche, ou à un examen de ce genre. À peu près comme quelqu'un qui n'a pas l'habitude de rechercher dans la forêt les fleurs, les baies ou les herbes, n'en trouve aucune, parce que son œil n'a pas l'acuité qu'il faut pour cela, et qu'il ne sait pas, en particulier, où il faut regarder. Ainsi, celui qui n'est pas exercé à la philosophie passe sans les voir devant tous les endroits où des difficultés se cachent sous les herbes, tandis que celui qui a l'habitude s'arrête, sentant qu'il y a là une difficulté, bien qu'il ne la voie pas encore.

Le travail du philosophe est ainsi proche, dans son inspiration, de celui de l'artiste qui, nous dit Proust dans *Le Temps retrouvé* (1927), consiste à « nous faire connaître la réalité loin de laquelle nous vivons, de laquelle nous nous écartons de plus en plus au fur et à mesure que prend plus d'épaisseur et d'imperméabilité la connaissance conventionnelle que nous lui substituons, cette réalité que nous risquerions fort de mourir sans avoir connue, et qui est tout simplement notre vie ».

En rapprochant la figure du philosophe de celle de l'artiste, Proust semble l'éloigner de celle du savant, à la manière de Diotime disant à Socrate, dans leur dialogue du *Banquet* de Platon, que :

Ce [que l'Amour] acquiert lui échappe sans cesse, de sorte qu'il n'est jamais ni dans l'indigence[1] ni dans

---

1. Pénia, mère de l'Amour, était pauvre, à l'inverse de Pôros, son père.

l'opulence et qu'il tient de même le milieu entre la science et l'ignorance, et voici pourquoi. Aucun des dieux ne philosophe et ne désire devenir savant, car il l'est ; et, en général, si l'on est savant, on ne philosophe pas ; les ignorants non plus ne philosophent pas et ne désirent pas devenir savants ; car l'ignorance a précisément ceci de fâcheux que, n'ayant ni beauté, ni bonté, ni science, on s'en croit suffisamment pourvu. Or, quand on ne croit pas manquer d'une chose, on ne la désire pas.

L'acte de philosopher n'est donc jamais installation dans le confort mental d'un savoir, mais inscription dans une tension dynamique entre la richesse d'un questionnement et le faible nombre de réponses obtenues. Le savoir n'est aucunement le domicile fixe du philosophe.

Philosopher, c'est réorienter son regard

> *« On n'est jamais moins philosophe*
> *qu'en désirant que tout le monde le soit,*
> *que la vie humaine ne soit que philosophie. »*
> Leopardi, *Zibaldone di Pensieri* (1832).

Wittgenstein met également l'accent sur le fait que cette errance du philosophe constitue l'occasion d'une augmentation de l'acuité de ses sens qui le conduit à orienter différemment son regard, à voir ce que d'autres ne voient pas (« les difficultés qui se cachent sous les herbes »), ou, comme le dit Nietzsche dans *Le*

Crépuscule des idoles (1888), à se doter d'autres oreilles capables de « faire parler ce qui justement voudrait rester muet ». Cette acuité de l'écoute du philosophe, toujours associée à la rigueur du questionnement, fait de lui un être complexe – à la fois animal, moral et rationnel – dont Nietzsche dresse le portrait dans *Le Livre du philosophe* (1872-1875) :

> [Le philosophe] est contemplatif comme les artistes plastiques, compatissant comme le religieux, logique comme l'homme de science : il cherche à faire vibrer en lui tous les accents de l'univers et à exprimer hors de lui cette symphonie en concepts.

Cette définition du philosophe et de son travail inspirera celle de l'activité conceptuelle, en tant que création de « centres de vibrations », donnée par Gilles Deleuze et Félix Guattari, dans *Qu'est-ce que la philosophie ?* (1991). La dimension sensible du concept ici mise en avant empêche de concevoir la philosophie comme pure formation discursive consistant en un simple enchaînement de propositions. Conception aux antipodes de celle de la philosophie en tant qu'activité créatrice de concepts en rapport avec la pensée de nos devenirs à une époque donnée, ou encore que quête *amoureuse* de la sagesse.

Philosopher, c'est se reprendre

> *« Au sens propre, le philosopher est – une étreinte –
> le témoignage de l'amour le plus intime de
> la méditation, du désir absolu de sagesse. »*
> Novalis, *Semences* (1797-1798).

Enfant, je compris que la sagesse était, pour reprendre une formule employée par Aristote, « la dernière chose à être engendrée chez les hommes ». Sagesse qu'Épicure définit, dans sa *Lettre à Ménécée* (IIIe siècle av. J.-C.) comme étant « le principe et le plus grand des biens », en la considérant comme « plus précieuse que la philosophie, car elle est la source de toutes les autres vertus, puisqu'elle nous enseigne qu'on ne peut pas être heureux sans être sage, honnête et juste ni être sage, honnête et juste sans être heureux ».

Les bouillonnements intérieurs que j'ai connus durant les dix premières années de ma vie me rendaient malheureux et désespéré de ne jamais parvenir à devenir « sage ».

Devenu adulte, l'expérience de la paternité devait signifier à mes yeux le fait de revivre par personne interposée les longues étapes permettant d'accéder à un degré minimal de sagesse, d'être ramené à l'expérience de mes limitations premières, à mettre en péril la progression de ma quête philosophique.

Mais ce que je n'avais pas anticipé est la profondeur de la remise en question de mon rapport au monde et de ma conception du rapport entre l'engagement du corps et la production de la pensée, occasionné par l'expérience de la paternité, superbe invitation de la vie au « ressouvenir en avant », à la reprise sensible de soi dont parle Kierkegaard dans *La Reprise* (1843) :

> Et vraiment, sans [la reprise], que serait la vie ? Qui voudrait être le tableau où le temps note à chaque instant une ligne nouvelle, ou le témoignage écrit du passé ? Qui consentirait à se laisser toucher par toutes ces choses éphémères dont le renouvellement offre à l'âme une délicate jouissance ? Si Dieu lui-même n'avait pas voulu la reprise, le monde n'aurait jamais été. Ou bien il aurait suivi les plans faciles de l'espérance, ou bien il aurait repassé toutes choses en son esprit en les gardant dans le ressouvenir. Il ne l'a pas fait ; aussi le monde est-il une réalité qui subsiste et dure du fait qu'il est une reprise. La reprise : voilà la réalité et le sérieux de la vie.

Se « reprendre », au sens où l'entend Kierkegaard, signifie ainsi refuser de se complaire dans le souvenir ou de céder aux tentations de l'espérance afin de nous inscrire dans une réalité dont la durée constitue le mouvement. L'engagement dans cette dynamique constitue, selon Kierkegaard, le « périple » sensible sans lequel il nous est impossible de vivre réellement.

Chapitre III

Qu'est-ce que le temps ?

*« Le temps est le rivage de l'esprit, tout passe
devant lui et nous croyons que c'est lui qui passe. »*
Rivarol, *Maximes, pensées, et paradoxes* (1784).

Symbolisé par le sablier, le temps est objet de mesure. Nous le disons « plein » ou « partiel ». Mais le temps est d'abord la réalité avec laquelle nous ne cessons de composer en conjuguant les verbes de nos phrases. Il désigne aussi l'intensité plus ou moins grande des moments de notre existence, ses temps « faibles » ou « forts ». Dans les deux dialogues qui suivent, Mona associe le temps, conçu par les philosophes comme manifestation de l'être caché des choses, idée reflétant le mouvement des êtres (Aristote), forme et milieu de nos représentations (Kant), succession mesurable d'instants ou durée subjective (Bergson), à la croissance du corps et au développement de l'esprit, ainsi qu'à la succession des états et étapes de notre existence. Elle accorde toute son importance à la distinction entre les temps chronologique et météorologique.

« C'est l'âge qui fait grandir. »

« Mona : J'ai six ans et mamie quatre-vingt-trois ! Je suis petite et mamie est grande. C'est l'âge qui fait grandir. Quand j'avais un an, j'étais encore un bébé. À trois ans, je suis rentrée en moyenne section. Maintenant, je suis au CP. Si personne ne grandissait, il n'y aurait ni papa ni maman. Alors il faut bien grandir !

Adrien : Mais l'âge fait aussi vieillir et devenir malade quand on est devenu grand.

Mona : Mais papi Gaston, on ne dirait pas qu'il est vieux.

Adrien : Comment savoir si une personne est vieille ou non ?

Mona : On le voit sur elle.

Adrien : C'est quoi, être vieux ?

Mona : J'imagine que quand on est vieux on est vieux ! Je ne sais pas le dire ! Je ne peux pas l'expliquer.

Adrien : C'est avoir vécu beaucoup d'années ?

Mona : Oui !

Adrien : Est-ce triste d'être vieux ?

Mona : Oui, parce qu'on tombe, parce qu'on a du mal à marcher. Mamie a besoin de sa canne qu'elle appelle sa "copine".

Adrien : On est aussi plus près de la mort quand on est vieux.

Mona : Oui, mais quand on est jeune on peut aussi être malade et en mourir.

Adrien : On peut aussi devenir sage avant la vieillesse.

Mona : Oui, mais tous les enfants jouent et font des bêtises. C'est normal ! On peut encore en faire après mais sans le faire exprès. »

Le temps est contraste

*« 1. Toutes choses ont leur temps, et tout passe sous
le ciel après le terme qui lui a été prescrit.
2. Il y a temps de naître et temps de mourir. »*
L'Ecclésiaste.

Dans ce dialogue, Mona appréhende la question du temps à travers l'évocation du contraste entre les différents âges de la vie. Ce contraste est peut-être ce qui rend abstraite la vieillesse à l'enfant (« J'imagine que quand on est vieux on est vieux ! Je ne sais pas le dire ! Je ne peux pas l'expliquer », dit Mona). Il serait dû, selon certains auteurs, à une quantité de vie variant selon l'âge. Telle est en particulier la thèse soutenue par Bichat dans ses *Recherches physiologiques sur la vie et la mort* (1800) :

> Il y a surabondance de vie dans l'enfant, parce que la réaction [de la part du corps vivant] surpasse l'action [de la part des corps extérieurs]. L'adulte voit l'équilibre s'établir entre elles, et par là même cette turgescence vitale disparaître. La réaction du principe interne diminue chez le vieillard, l'action des corps extérieurs restant la même ; alors la vie languit et s'avance insensiblement vers son terme naturel.

L'âge adulte apparaît ici comme étant celui de l'accès à un équilibre entre les agents réactifs de l'organisme et les forces actives extérieures qui agissent incessamment sur eux, aboutissant à leur affaiblissement et, à terme, à leur destruction. Il constitue le moyen terme entre une surabondance de vie et l'alanguissement de celle-ci.

Le temps est réversibilité

Mona souligne en second lieu le lien existant entre l'âge, la croissance du corps et la maturation de l'esprit. « C'est l'âge qui fait grandir ! » dit-elle. Et si la maturité était l'âge d'un retour possible à l'enfance, enrichie par la sagesse de l'adulte ? Ce que se plaît à imaginer en ces termes Elias Canetti dans *Le Territoire de l'homme* (1942-1972) :

> Il serait joli, ayant atteint un certain âge, de redevenir plus petit chaque année et de franchir à reculons ces mêmes marches qu'on avait mis tant d'orgueil à gravir autrefois. Il faudrait cependant que les dignités et les honneurs de l'âge demeurassent les mêmes qu'ils le sont aujourd'hui. On verrait alors des êtres tout petits, semblables à des enfants de six ou de huit ans, respectés pour leur sagesse et pour leur expérience. […] Plus aucun enfant n'aurait le désir de grandir.

L'idée d'une possible réversibilité du cours de notre vie (« franchir à reculons ces mêmes marches qu'on avait mis tant d'orgueil à gravir autrefois ») s'oppose ici à celle d'une simple « retombée en enfance ». Les adultes redeviendraient en effet « semblables » à des enfants, mais avec l'expérience et le rang social acquis. Peut-être alors les enfants seraient-ils tentés de croire en l'inutilité de grandir, en la perfection de leur monde, que reviendraient habiter les adultes. Tentation d'autant plus facile que, faute d'avoir vécu suffi-samment longtemps, les enfants peuvent difficilement apprécier l'importance du temps et de l'expérience qui en est le fruit pour la structuration de leur rapport au monde. Ce dont les histoires qui nous sont contées ou que nous nous racontons durant l'enfance sont le tenant lieu.

Le temps est père de l'inexplicable

En écoutant Mona me faire le récit de sa courte vie, je suis impressionné par la somme d'aptitudes et de connaissances qu'un enfant acquiert en si peu de temps. Je me souviens de la confirmation de la grossesse d'Anna par le gynécologue. Encore invisible à nos yeux, un petit être se constituait. Un jour, il allait quitter le ventre de sa mère, respirer, crier, découvrir son environnement immédiat, apprendre à marcher et à parler… Cette temporalité sans pause de la vie concurrençait celle, longue, de l'élaboration des idées.

Durant la grossesse d'Anna, j'écrivais un livre sur l'histoire et la philosophie de la connaissance des maladies du cœur, du XVIIe siècle à nos jours. J'espé-rais si fortement en achever la rédaction avant la nais-sance de Mona que je m'étais avancé à le parier avec Anna. Mona a gagné la course et j'ai perdu mon pari ! Je ne devais corriger les épreuves de mon livre qu'une dizaine de mois après sa naissance… Battu à plate couture et pour un résultat qui ne souffre aucune comparaison ! Il y a ici incommensurabilité entre les merveilles enfantées par la nature et les produits de l'art humain. L'inexplicable, tantôt lié à un jeu de combinaison de *hasards*, tantôt à l'*inspiration*, est peut-être leur seul dénominateur commun. Dans le premier cas, tout être vivant serait le produit d'une succession de transformations ne relevant d'aucun plan de la nature. Ce que François Jacob appelle la « logique d'organisation » de celle-ci ne relèverait d'aucun déterminisme. Elle se constituerait au fil du temps à travers la lente complexification des modes d'organisation de la vie à travers les mutations plus ou moins rapides subies par les corps, selon leur nature et celle des forces qui s'exercent sur eux, lors de la succession des âges de la terre, comme a su le mettre en lumière Lamarck dans sa *Philosophie zoologique* (1809) :

> Du temps et des circonstances favorables sont, dit Lamarck, les deux principaux moyens qu'emploie la nature pour donner l'existence à toutes ses productions : on sait que le temps n'a point de limites pour elle, et qu'en conséquence elle l'a toujours à sa disposition. Quant aux circonstances dont elle a eu besoin et dont elle se sert encore chaque jour pour varier tout ce qu'elle continue de produire, on peut dire qu'elles sont, en quelque sorte, inépuisables pour elle.

Aussi peu attachée à l'existence d'une intentionnalité directrice que les hasards préexistant à notre organisation biologique, l'inspiration surprend quand elle surgit. Mais, de même que les combinaisons engendrées par les premiers, elle doit être replacée dans l'amplitude temporelle d'une gestation. Ainsi que le met en lumière Marianne Massin dans *La Pensée vive*.

Essai sur l'inspiration philosophique (2007), l'inspiration « scande le processus créatif à la manière d'une pulsation réitérée, rythmée par le retour sur les lieux et le retour des saisons [et] détermine à son tour le rythme d'écriture ramassée dans l'intensité d'un temps habité ». Rythme suffisamment ample « pour embrasser dans le même mouvement créateur des cellules temporelles d'énergie éparse ».

Le temps est le rythme de la vie

Mona associe en troisième lieu le nombre d'années vécues à un état (« quand j'avais un an, j'étais encore un bébé ») ou à une année scolaire, à la fois marque de la maturation de l'esprit et signe de l'institution de l'enfant en futur citoyen. Tel est le rôle de l'école qui impose un rythme autre à l'existence de l'enfant, au prix d'une perte du sens de la surprise, comme le déplore Hermann Hesse dans *Mon enfance* (1907 et 1948) :

Et tout d'abord la répartition du temps en journées de travail et journées de congé ! Il faut vivre et travailler d'après un horaire, chaque journée a son poids particulier, sa valeur bien assignée et elle se détache du temps comme une réalité à part, à l'état de fragment. Les mois et les saisons perdent leur profondeur insondable, la vie n'existe plus dans sa plénitude ; les fêtes, les dimanches, les anniversaires ne se présentent plus à nous comme des surprises, leur date et leur retour ont la même fixité que les chiffres des heures sur le cadran d'une montre et nous savons combien de temps il faudra à l'aiguille pour les atteindre.

La fréquentation de l'école, début de la vie sociale, est aussi le temps de l'entrée en vigueur des lois et des mesures de la vie réelle, qui est, selon Hesse, aussi celui du rétrécissement du monde à une « image du monde vu en petit ». L'école initierait ainsi le mécanisme de restriction et de limitation de soi et du monde décrit par Michaux[1]. Elle serait aussi le début de l'expérience de la dépossession de soi à travers la course après le temps au sein de laquelle elle nous plonge sans jamais nous apprendre l'importance de chaque heure, la valeur d'une journée. Sans jamais nous faire comprendre, comme le rappelle Sénèque, que nous mourons chaque jour.

> Oui, c'est cela, dit Sénèque dans sa première *Lettre à Lucilius* (62-65) mon cher Lucilius, revendique la possession de toi-même. [...] La vérité, crois-moi, la voici : notre temps, on nous en arrache une partie, on nous en détourne une autre, et le reste nous coule entre les doigts. Pourtant, il est encore plus blâmable de le perdre par négligence. [...] Peux-tu me citer un homme qui accorde du prix au temps, qui reconnaisse la valeur d'une journée, qui comprenne qu'il meurt chaque jour ? Car notre erreur, c'est de voir la mort devant nous. Pour l'essentiel, elle est déjà passée. La partie de notre vie qui est derrière nous appartient à la mort. Saisis-toi, mon cher Lucilius, de chaque heure.

---

1. Voir l'extrait d'Henri Michaux, chapitre I, p. 26.

Ainsi, tu seras moins dépendant du lendemain puisque tu te seras emparé du jour présent. On remet la vie à plus tard. Pendant ce temps, elle s'en va.

La vie, objet de procrastination, est aussi négligée par nous que le temps. Or, grandir ne serait-il pas d'abord prendre la pleine mesure des effets de cette double négligence ?

Le temps est le « devenir-enfant » des âges de la vie

Mona considère que grandir est la condition de toute procréation possible. Il s'agirait fondamentalement de passer de l'état d'enfant procréé à celui d'adulte procréateur détenant les clefs de la naissance de nouveaux êtres. Grandir relèverait ainsi d'abord d'une nécessité naturelle : celle de ne pas garder captive la vie, d'en assurer la transmission. Mais avancer en âge est peut-être aussi et surtout l'occasion d'apprendre à voir ce qui en nous devient, plus que ce que nous devenons ou semblons devenir :

> [...] l'enfant ne devien[t] pas, disent Deleuze et Guattari dans *Capitalisme et Schizophrénie. Mille Plateaux* (1980), c'est le devenir lui-même qui est enfant [...]. L'enfant ne devient pas adulte, [il est] le devenir-jeune de chaque âge. Savoir vieillir n'est pas rester jeune, c'est extraire de son âge les particules, les vitesses et lenteurs, les flux qui constituent la jeunesse de cet âge. [...] C'est l'Âge même qui est un devenir-enfant.

Ce texte nous invite à dépasser la représentation de l'enfant comme adulte en devenir. L'être en devenir n'est pas ici mouvement vers un avenir déterminé, mais singularité capable de dépasser les clivages des âges. Il est, disent les auteurs, « devenir enfant de l'adulte comme de l'enfant ». Or, concevoir ainsi l'enfant comme étant « le devenir jeune de chaque âge » et de l'âge lui-même en tant que devenir-enfant, n'est-ce pas s'opposer à l'idée d'une hiérarchisation des devenirs de notre existence ?

Le concept de devenir-enfant des différents âges de notre vie forgé par Deleuze et Guattari constitue l'exacte antithèse de celui d'« imparfait à jamais perfectible » (« je n'étais alors qu'un enfant... » dit-on) servant habituellement à définir l'enfant, comme le montre Nietzsche dans la *Seconde Considération intempestive* (1874) :

> [...] l'enfant [...] n'a encore rien à renier du passé [et] entre les enclos du passé et ceux de l'avenir, [il] se livre à ses jeux dans un bienheureux aveuglement. Et pourtant l'enfant ne peut toujours jouer sans être assailli de troubles. Trop tôt on le fait sortir de l'oubli. Alors il apprend le mot « il était », ce mot de ralliement avec lequel la lutte, la souffrance et le dégoût s'approchent de l'homme, pour lui faire souvenir de ce que son existence est au fond : un imparfait à jamais imperfectible. Quand enfin la mort apporte l'oubli tant désiré, elle dérobe aussi le présent et la vie.

L'apprentissage de la vie sociale serait ainsi celui d'une soumission au clivage entre les différents temps de notre existence, arrachement à notre terre d'« oubli » originel de ce même clivage. Au terme de notre existence s'affirme ainsi le sentiment d'une frustration majeure tenant à l'impossible retour à cet état originel d'oubli dans la sphère du temps et de la vie.

Le temps est médecin et usurier

Réduire le temps de notre existence à une succession d'âges qualitativement différenciés nous empêche aussi d'apprécier les effets de son œuvre et la réalité de ce qu'il exige de nous.

L'effet du « travail » du temps consiste, selon saint Augustin, en l'atténuation de l'effet de nos maux :

> Le temps, dit Augustin dans *Les Confessions* (397-398) ne chôme pas, et ce n'est pas en vain qu'il passe sur nos sentiments : il fait merveille dans notre âme. Il avançait et s'en allait jour à jour, et en venant et en s'en allant, il glissait en moi d'autres espérances, d'autres souvenirs ; peu à peu il me rendait à moi-même en me faisant reprendre goût à mes anciens plaisirs, auxquels cédait ma douleur.

« Sur les ailes du Temps, la tristesse s'envole », dira La Fontaine, dans la fable « La jeune veuve ». En creusant l'écart qui sépare notre présent du passé, dit aussi Sartre dans *L'Être et le Néant* (1943), le temps « sépare » et guérit l'homme de sa peine.

Mais le temps est aussi un grand usurier. Prendre des commodités avec lui, le « perdre » avec désinvolture ou le « tuer », en cas d'ennui, n'est pas anodin. Le temps ne se laisse pas impunément transformer en

« temps mort ». Ce que nous comprenons lorsque la vie rappelle sa brièveté à notre souvenir. Le temps s'irrite aussi des commodités que nous prenons avec lui. Il sait nous rappeler l'impossibilité de le « prendre » indéfiniment et qu'être en retard signifie se trouver en position de débiteur.

Le temps exige enfin, comme tribut de notre longévité, ce qui faisait le ressort de notre vitalité. « L'âge fait aussi vieillir et devenir malade », dit ainsi Mona. Les années ajoutées à la vie ont un prix, comme le montre Jean Trigon dans *L'Homme qui vivra mille ans* (1957). Homme las de vivre et en proie à une grande lassitude. Sentiment qu'il est difficile de concevoir enfant, au même titre que la vieillesse. « J'imagine que quand on est vieux on est vieux ! Je ne sais pas le dire ! Je ne peux pas l'expliquer ! » dit Mona. Le temps demeure une abstraction pour l'enfant, qui, contrairement à nous, n'a pas encore appris à en constater les effets, avec, l'âge venant, la difficulté à marcher, les chutes éventuelles et la transformation d'objets en compagnons d'infortune (« mamie a besoin de sa canne qu'elle appelle sa "copine" »).

Mais, si attristants que soient les effets de la vieillesse, Mona observe à juste titre que la maladie et la mort n'en sont pas l'apanage (« quand on est jeune, on peut aussi être malade et en mourir »).

Partant de l'association opérée par Mona – et comprise par elle dans sa dimension paradoxale –, entre enfance et pathologie, j'ajoute dans le dialogue que la santé peut sourire à l'âge. Mais si la santé, apanage de la jeunesse, peut aussi être propriété du grand âge, pourquoi ne pas envisager que la sagesse, supposée être le propre de la vieillesse, ne soit pas accessible aux enfants ? Comprenant la portée de ce syllogisme et la malice dont celui-ci est empreint, Mona use du même procédé en soutenant que les adultes jouent et font des bêtises, presque à leur insu. Qui agit alors ? L'adulte ? ou l'enfant qui continue de vivre en lui ? Lorsque Mona observe que les adultes jouent, est-ce à la manière des enfants, afin de maîtriser une forte impression ?

> Pour ce qui est du jeu d'enfant, dit Freud dans « Au-delà du principe de plaisir » (1920), nous croyons comprendre que si l'enfant reproduit et répète un événement même désagréable, c'est pour pouvoir, par son activité, maîtriser la forte impression qu'il en a reçue, au lieu de se borner à la subir, en gardant une attitude purement passive. Chaque nouvelle répétition semble affermir cette maîtrise et, même lorsqu'il s'agit d'événements agréables, l'enfant ne se lasse pas de les répéter et de les reproduire, en s'acharnant à obtenir l'identité parfaite de toutes les répétitions et reproductions d'une impression.

Concevant la nouveauté comme condition permanente de la jouissance, l'adulte tend à interpréter ce goût de l'enfant pour la répétition comme signe d'enfermement dans la sphère d'une temporalité stérile. Or, observe Freud, la répétition et le fait de retrouver à travers elle une identité menacée par la violence du choc d'une impression constituent en eux-mêmes une source de plaisir procuré par la reproduction et le rétablissement d'un état antérieur auquel l'enfant s'était vu contraint de renoncer. La répétition ludique serait moyen pour l'enfant de transcender le clivage des temps de notre existence.

« Aujourd'hui, c'est nuageux. »

« Adrien : Qu'est-ce que le temps ?
Mona : Le temps, ça peut être différentes choses : le temps qui passe et le temps qu'il fait. Aujourd'hui, c'est nuageux et il y a un peu de soleil. »

Le temps est multiplicité

Dans ce dialogue, Mona joue sur le double sens du mot « temps » : en tant que succession des temps (passé, présent et futur) et donnée météorologique ou climatologique propre à une saison ou à une géographie, douée, selon Montesquieu, d'une influence sur les dispositions du caractère et les mœurs. Idée que reprend Cabanis dans *Rapports du physique et du moral de l'homme* (1802) :

> Les bords de la mer invitant à des pêches plus hasardeuses, en même temps que plus lucratives, exercent le courage de leurs habitants, leur fournissent plus de réflexions sur l'art de braver les flots et les orages, développent en eux le goût des voyages lointains et des aventures romanesques.

Si j'avais eu à définir le temps à l'âge de Mona, peut-être aurais-je dit que le temps est l'élément fondamental dans lequel nous sommes tous plongés (« le temps paraît être présent dans tout être », dit Aristote dans la *Physique*), jusqu'au jour où la mort nous en retire. Peut-être aurais-je décrit l'impression faite sur moi par l'emploi de la formule « dans le temps… » dont usait ma grand-mère lorsqu'elle me racontait un épisode de sa vie. J'éprouvais alors le sentiment d'être entraîné vers le bas du village où nous habitions, dans la « rue des Malgré-Nous » – en référence aux jeunes soldats alsaciens enrôlés de force dans l'armée allemande, à la fin de la Seconde Guerre mondiale. Un soleil voilé par la brume me laissait entrevoir ma grand-mère s'éloigner de moi, ou moi d'elle, lentement mais inexorablement. Une croix en grès rose située à l'entrée du village était mon seul repère fixe. Une ligne de démarcation ?

Une seconde expression employée par ma grand-mère, toujours fort occupée, résonne encore en moi : « Plus tard… » Sans apaiser ma curiosité, la promesse de réponse contenue dans cette expression me séduisait. J'avais le sentiment que le temps était un vaste « garde-manger » qui tenait en réserve ses réponses. Être dans le temps, c'était aussi apprendre à attendre des réponses ou des événements tels qu'un changement de saison ou d'état : « Tu verras plus tard quand tu seras grand ! » m'entendais-je souvent dire. J'appris ainsi à accepter de remettre au lendemain ce qui ne pouvait être fait ou obtenu le jour même. Or, venant de celle qui, longtemps paysanne, ne remettait jamais au lendemain ce qui pouvait être exécuté le jour même, cette leçon de patience me marqua. Administrée de manière à la fois tendre et rude, lorsque nous marchions tous deux vers le jardin cultivé à l'extérieur du village, cette leçon finit par bercer mon oreille en créant des niches d'espoir portant sur ce que je ne pouvais savoir ou réaliser dans le présent et qui, une fois su ou réalisé, s'apparenterait peut-être à l'inespéré. Le « plus tard » auquel j'étais invité à me résoudre était le temps d'une promesse dont je jouissais déjà dans l'instant de la réalisation future.

Le temps est une école

Le temps long et lent de l'enfance n'a jamais été celui de l'ennui. Il m'a laissé tout loisir de méditer sur les raisons pour lesquelles les adultes trouvent que le temps s'écoule de plus en plus vite, « file » toujours plus entre les doigts à mesure que les années passent. Comment pouvaient-ils dire cela après avoir vécu beaucoup plus d'années que moi ? À supposer que le temps soit ce honteux fuyard, comment expliquer qu'ils n'aient pas réussi à le retenir au bout de tant d'années ? Ne se moquaient-ils pas de moi et d'euxmêmes ? Ou bien, ne s'y étaient-ils pas mal pris ? Savaient-ils vivre dans le temps ? Une école du Temps ne devrait-elle pas être construite ? Une école plus précieuse encore que celle où l'on apprend à lire, à écrire et à calculer, où nous apprendrions à revenir au Temps initial de notre vie, avec, inscrite sur son frontispice, l'expression « Au temps pour moi ». Temps qui y serait moins, conformément au sens courant de l'expression, celui d'une reconnaissance de nos erreurs que celui d'un « ressouvenir en avant », d'une « reprise » du cours de notre vie.

Mais ce temps vécu en dehors de la continuité des temps (passé, présent et futur), où s'inscrit nos existences physique et sociale, n'est déjà plus le temps. Est-il dépassement de la succession des temps dans leur contemporanéité, où le passé et l'avenir habitent – encore ou déjà – le présent ? Est-il, enfin, l'immuable, figure de l'éternité comparable à la mer profonde sous les vagues qui s'agitent à sa surface ? Mais ce temps n'est-il pas aussi éternité, au sens de sortie du temps, d'extra-temporalité, au contact avec la vérité recréée de notre moi, comme le suggère Proust dans *Le Temps retrouvé* (1927) :

> Mais, dit Proust, qu'un bruit, qu'une odeur, déjà entendu ou respirée jadis, le soient de nouveau, à la fois dans le présent et dans le passé, réels sans être actuels, idéaux sans être abstraits, aussitôt l'essence permanente et habituellement cachée des choses se trouve libérée, et notre vrai moi qui, parfois depuis longtemps, semblait mort, mais ne l'était pas entièrement, s'éveille, s'anime en recevant la céleste nourriture qui lui est apportée. Une minute affranchie de l'ordre du temps a recréé en nous, pour la sentir, l'homme affranchi de l'ordre du temps.

Plus que la restitution en nous du « charmant fantôme de nous-même, [d']un enfant qui jouait, [d']un jeune homme qui aimait », évoquée par Hugo dans *La Tristesse d'Olympio* (1840), l'éternité est ici comprise comme recréation en nous d'un individu extra-temporel, vivant et éternel à la fois, capable de nous faire éprouver le « temps perdu », inaccessible à la mémoire et à l'intelligence. Mais comment définir l'instant de cette recréation ? Il est, nous dit Kierkegaard dans *Le Concept d'angoisse* (1844), « le premier reflet de l'éternité dans le temps ». D'où son ambiguïté :

> L'instant est cet ambigu où le temps et l'éternité sont en contact, posant ainsi le concept de *temporalité* où le temps interrompt constamment l'éternité, et où l'éternité pénètre sans cesse le temps.

« Atome de l'éternité », l'instant constitue, selon Kierkegaard, la projection, certes illusoire, mais prometteuse, de l'éternité dans le temps qui soumet notre existence au règne de l'éphémère.

Le temps est un feu où se consume toute différence entre le passé et l'avenir

> *« Le temps est cette inquiétude absolue, ce feu où toute différence déterminée [entre le passé et l'avenir] se consume aussitôt ; ce qui est posé maintenant, n'est immédiatement pas, et le temps n'est que cela [, ce processus de l'être et du néant, leur basculement l'un dans l'autre]. »*
> Hegel, *Manuscrit de Berlin sur l'espace et le temps* (1821-1822).

Pourtant, le temps, en tant que basculement de l'être dans le néant, comme le définit ici Hegel, ne saurait être confondu avec l'éphémère. Il est ce qui rend possible l'éphémère : « Il est clair que sans temps il n'y aurait pas d'instant », dit ainsi Aristote dans la *Physique*. Aussi, confondre le temps avec sa fuite est-il erroné. Mais, qu'est donc le temps en lui-même ? Question dont saint Augustin montre la difficulté dans *Les Confessions* (397-398) :

> Qu'est-ce donc que le temps ? Si personne ne me le demande, et que j'entreprenne de l'expliquer, je trouve que je l'ignore. Je puis néanmoins dire hardiment que je sais, que si rien ne se passait, il n'y aurait point de temps passé ; que si rien n'advenait, il n'y aurait point de temps à venir ; et que si rien n'était, il n'y aurait point de temps présent. En quelle manière sont donc ces deux temps, le passé et l'avenir ; puisque le passé n'est plus, et que l'avenir n'est pas encore ? Et quant au présent, s'il était toujours présent, et qu'en s'écoulant il ne devînt point un temps passé, ce ne serait plus le temps mais l'éternité. Si donc le présent n'est un temps que parce qu'il s'écoule et devient un temps passé, comment pouvons-nous dire qu'une chose soit, laquelle n'a autre cause de son être, sinon qu'elle ne sera plus ? De sorte que nous ne pouvons dire avec vérité que le temps soit, sinon parce qu'il tend à n'être plus.

Cette tendance du temps, « qui, en tant qu'il est n'est pas et en tant qu'il n'est pas est », selon le propos de Hegel résumant l'esprit de celui d'Augustin, explique peut-être le fait que la longueur des temps passé et futur ne corresponde pas à une propriété du temps lui-même, mais à l'attente ou au souvenir qui sont nôtres :

> Ainsi, dit Augustin, le temps à venir ne se peut pas dire être long : mais un long temps à venir n'est autre

chose qu'une longue attente du temps futur. Il n'y a point aussi de long temps passé, puisqu'il n'est plus : mais un long temps passé n'est autre chose qu'un long souvenir du temps passé.

Le temps ne serait ainsi que mesure des impressions qu'il laisse se former dans la mémoire sous l'effet des mouvements passagers qui en forment la durée. Est-ce à dire qu'il n'existerait pas en soi ? Que nous n'en pourrions percevoir que les effets constructeurs (la naissance et la croissance) ou destructeurs (le déclin des forces vitales et la mort) ? Que le temps est réductible au « temps animal », scandé par la « vibration absolue au-dedans de soi » que génère le « mouvement rotatoire [du sang] », que définit Hegel dans la *Philosophie de la nature* (1817) ?

Le temps naît du sentiment du moi

« Le temps n'est pas une chose. Il est un accident des choses et, indépendamment de leur existence, il n'est rien », dit ainsi Leopardi dans *Zibaldone di Pensieri* (1832). Mais alors, comment expliquer que nous ayons *réellement* la représentation du temps et de nos déterminations dans le temps, sinon en supposant que celui-ci soit quelque chose de réel, qu'il soit « la forme réelle de l'intuition interne » ?, comme le fait Kant dans la *Critique de la raison pure* (1781).

Non seulement forme de l'intuition sensible, mais encore objet d'une expérience interne, le temps naît du sentiment du moi procuré par la répétition volontaire d'un acte ou d'un effort, comme le montre Maine de Biran dans son *Mémoire sur la décomposition de la pensée* (1805) :

> En disant d'abord *moi* il dit un ; en répétant la même action suivie du même résultat, il dit encore un, ainsi de suite ; le temps est né pour lui. [...] Lorsque, par des nouvelles circonstances où nous plaçons l'individu, les sensations varient et se succèdent, pendant que l'effort reste le même, [...] il y a [...] une durée mesurée par les intervalles des modifications acciden-telles successives, parce qu'il y a un module fixe, un terme commun auquel tous les instants se rapportent.

Ce « module fixe », dont parle Maine de Biran, est l'instant premier du moi, auquel se rapporte la chaîne des instants conservés et reliés entre eux par la mémoire. Or, cette synthèse d'instants opérée par la mémoire est ce qui, selon Maine de Biran, constitue la durée, dont le moi forme l'ancrage. Conception sur laquelle revient en ces termes Ravaisson dans son traité *De l'habitude* (1838) :

> Mais dans le temps tout passe, rien ne demeure. Comment mesurer ce flux non interrompu et cette diffusion sans bornes aussi de la succession, sinon par quelque chose qui ne passe pas, mais qui subsiste et dure ? Et qu'est-ce encore si ce n'est moi ? [...] En moi se trouve la substance, dans le temps à la fois et hors du temps, mesure du changement comme de la perma-nence, type de l'identité.

Constitutive du temps et constituée par lui, l'identité du moi est aussi, selon Ravaisson, ce qui échappe à l'ordre du temps : elle est substance et non accident, permanence et non devenir !

Le temps est durée créatrice

Et pourtant, l'identité du moi est bien ancrée dans le corps, à travers la répétition de l'effort dont la persévérance se trouve associée par Bergson à la capacité d'élaborer sans cesse du nouveau, caractéristique de la vie et de sa durée :

> Ainsi, dit Bergson dans *La Pensée et le Mouvant* (1934), l'être vivant dure essentiellement ; il dure, justement parce qu'il élabore sans cesse du nouveau et parce qu'il n'y a pas d'élaboration sans recherche, pas de recherche sans tâtonnement. Le temps est cette hésitation même, ou il n'est rien du tout. Supprimez le conscient et le vivant [...], vous obtenez en effet un univers dont les états successifs sont théoriquement calculables d'avance, comme les images, antérieures au déroulement, qui sont juxtaposées sur le film cinématographique. Mais alors, à quoi bon le déroulement ? Pourquoi la réalité se déploie-t-elle ? Comment n'est-elle pas déployée ? À quoi sert le temps ? (Je parle du temps réel, concret, et non pas de ce temps abstrait...)

Cette définition du « temps concret », avec lequel croît la conscience, dont il constitue une donnée immédiate, et que Bergson appelle aussi « durée », par opposition au temps physique, souligne son caractère non prédéterminable. Le temps, comme la vie, est hésitation ! En lui, comme en elle, surgit la nouveauté, au cœur du processus de déploiement – et non de déroulement séquentiellement prévisible – de la réalité. Ce « temps vivant » n'est pas mesure de l'intervalle séparant une succession d'instants. Il s'éprouve dans l'écart qui existe entre les déploiements réalisés et empêchés de la vie.

Chapitre IV

Qu'est-ce que la vie ?

> *« Ainsi rien résolument ne s'anéantit,
> et rien ne naît qui ne fût auparavant. Mais, en se mêlant
> et se séparant, les choses changent. »*
> Hippocrate, *Du régime* (IVe siècle av. J.-C.).

> *« Toute vie est un flux* ininterrompu –
> *La vie ne provient que de la vie et ainsi de suite. »*
> Novalis, *Semences* (1797-1798).

Habituellement définie comme bien dont la mort nous sépare, la vie est aussi supposée être l'ensemble des fonctions qui résistent à la première. Mais elle est encore, selon certains philosophes, ce que les valeurs transcendantes (le bien, le mal) nous empêchent d'éprouver, nous réduisant à vivre un semblant de vie. Ses états – utérin ou extra-utérin –, ses niveaux – organique et psychique – ou dimensions – érotique, sociale et métaphysique –, ses vertus – en puissance ou en acte –, sa durée et ses époques ainsi que ses propriétés créatrices se trouvent successivement abordés par Mona dans les trois dialogues qui suivent.

« Retourner dans le ventre de maman. »

« Mona : J'ai parfois envie de retourner dans le ventre de maman.
Adrien : Pourquoi ?
Mona : Parce que j'ai envie de revoir comment c'est ! »

Vivre, c'est avoir déjà vécu

> *« La richesse de la vie est faite de souvenirs oubliés. »*
> Pavese, *Le Métier de vivre* (1935-1950).

Vivre, c'est peut-être d'abord se souvenir que l'on a vécu plusieurs mois dans le ventre de notre mère, lieu premier de la formation de notre organisme. Mais ce souvenir ne renvoie à aucune mémoire consciente d'une vie, avec les rythmes et les sensations qui lui sont attachés. Quel type d'expérience sensible ou de pensée permet ou non la vie fœtale ? Si l'on en croit ce que nous dit Bichat dans les *Recherches physiologiques de la vie et de la mort* (1800), la « vie animale » (ou vie de relation) ayant rapport à l'action des corps extérieurs sur le nôtre, productrice de sensations, n'est qu'ébauchée dans le fœtus :

Le fœtus, s'interroge Bichat, a-t-il des sensations générales ? Pour le décider, voyons quelles impressions peuvent, chez lui, exercer le tact. Il est soumis à une température habituelle, il nage dans un fluide, il heurte en nageant, contre les parois de la matrice ; voilà trois sources de sensations générales. Remarquons d'abord que les deux premières sont presque nulles, qu'il ne peut avoir la conscience ni du milieu où il se nourrit, ni de la chaleur qui le pénètre.

Confiné dans le territoire de la matrice, le fœtus ne jouit d'aucun point de comparaison pour ressentir les contrastes thermiques. Aveugle, sourd et privé du sentiment du goût, rien ne le porte à exercer le sens du toucher dont ses mains ont pourtant le pouvoir. Rien, ajoute Bichat, ne permet chez lui le passage de la transmission de l'influx nerveux et de la perception à l'exercice de la mémoire et de l'imagination, du jugement et de la volonté :

> Cette nullité dans l'action des sens en suppose une dans celle des nerfs qui s'y rendent, et du cerveau dont ils partent ; car transmettre est la fonction des uns ; percevoir celle de l'autre. Or, sans objets de transmission et de perception, ces deux actes ne sauraient avoir lieu.

> De la perception dérivent immédiatement la mémoire et l'imagination ; de l'une de ces trois facultés, le jugement ; de celui-ci, la volonté.

> Toute cette série de facultés qui se succèdent et s'enchaînent n'a donc point encore commencé chez le fœtus, par là même qu'il n'a point eu encore de sensations. Le cerveau est dans l'attente de l'acte ; il a tout ce qu'il faut pour agir : ce n'est pas l'excitabilité, c'est l'excitation qui lui manque.

La portion de *vie animale* qui constitue les sensations serait ainsi presque entièrement absente chez le fœtus soumis au règne de la *vie organique* et dont les facultés ne seraient qu'en puissance. Un nouveau mode d'existence, dit ainsi Bichat, commence pour l'enfant, une fois né :

> Diverses fonctions s'ajoutent à la vie organique, dont l'ensemble devient plus compliqué, et dont les résultats se multiplient. La vie animale entre en exercice, établit entre le petit individu et les corps voisins des rapports jusque-là inconnus. Alors tout prend chez lui une manière d'être différente.

Vivre, c'est ainsi toujours *avoir* déjà *vécu* une vie *in utero*, laboratoire de notre vie *ex utero*. La première constitue, selon Bichat, l'épreuve du « néant » du point de vue de la seconde. Vie qui ne serait que vie en puissance, et non en acte. Bichat s'éloigne ainsi du point de vue d'Aristote, selon lequel certains organes, tels le cœur, sont déjà doués d'une vie en acte au stade embryonnaire :

> Dans l'embryon, où d'une certaine manière tous les organes se trouvent en puissance, dit Aristote dans *De la génération des animaux* (IVe siècle av. J.-C.), c'est le principe qui manifeste sa puissance en tout premier lieu. Voilà pourquoi le cœur est la première partie qui se différencie et existe en acte. Ce fait est confirmé non seulement par l'observation (qui le constate effectivement) mais aussi par le raisonnement. En effet, une fois l'embryon distinct de ses deux parents, il doit vivre d'une vie propre, comme un fils qui s'établit hors de la maison paternelle. Il faut donc qu'il ait un prin-

> cipe, d'où dérive aussi dans la suite pour les animaux l'organisation de leur corps. […] C'est pourquoi le cœur est manifestement le premier organe à avoir une existence distincte chez tous les sanguins.

En écho à ce que dit ici Aristote, William Harvey, auteur de la démonstration de l'existence d'un mouvement circulaire du sang, en 1628, définira le cœur comme « divin organe » et « fondement de la vie », qui, « en nourrissant, réchauffant et animant le sang, sert tout le corps ». Conception dont Sénac déduira à son tour la maxime suivante dans son *Traité de la structure du cœur, de son action et de ses maladies* (1749) : « Il faut connaître la force et la puissance qui animent le cœur si nous voulons savoir comment nous vivons. » Le cœur, comme le dit aussi Novalis sur le plan poétique, constitue ainsi « la clef de la vie. »

Vivre, c'est respirer

Longtemps sous-estimée, l'importance de la vie fœtale, temps de la constitution d'un proto-moi, se trouve aujourd'hui prise en compte. Mais peut-être les enfants en ont-ils toujours connu l'importance. Plus proches du temps de la vie des affections pures de la sensibilité, flux perpétuel constitutif du sentiment d'exister, précédant celui du moi, selon Maine de Biran, les enfants continuent peut-être aussi à y trouver l'inspiration de leurs pensées. Contrairement aux adultes qui rêvent parfois de retourner dans le ventre de leur mère par nostalgie, les enfants y voient l'occasion de nouvelles découvertes, peut-être aussi de la réactualisation de sensations à l'intensité édulcorée, voire oubliée, de reviviscence d'un monde. Celle aussi de la possible réminiscence du contexte d'une vie antérieure, des données de notre vie avant notre naissance, dans l'intervalle qui sépare celle-ci de notre conception. Naître, c'est accéder, au prix de l'ouverture violente des tissus de nos poumons, à un monde aérien, en surface, qui nous éloigne de notre sensibilité aquatique originaire. Mais naître, c'est aussi entrer en contact avec le corps de notre mère, éprouver son amour, « sentiment impérieux, doux et tendre à la fois », comme le souligne Maygrier, dans ses *Nouvelles Démonstrations d'accouchements* (1822-1827). Amour inspirateur des premiers soins qu'une mère prodigue à son enfant et plus rarement dispensés par les hommes :

> L'homme, dit Maygrier, inhabile aux soins que demande la première enfance, insensible à ses cris, l'abandonnerait sans peine à ses pressants besoins. Ainsi délaissés, les enfants périraient donc, et avec eux la race humaine [...].

Plus que l'instinct de conservation, l'amour maternel serait ainsi le premier agent de la conservation de l'espèce et de la transmission durable de la vie.

« Un jour, on finit par être grand. »

« Mona : Je peux te dire ce que je pense ?
Adrien : Oui.
Mona : Quand on naît, on sort du ventre de notre maman. Ensuite, on grandit de plus en plus. Un jour,

on finit par être grand ! Ça veut dire qu'on a grandi, comme toi, qu'on est un adulte !
Adrien : Qu'est-ce qu'un adulte ?
Mona : C'est une grande personne qui est allée habiter dans une autre maison que celle de ses parents, où peut-être elle a fait de petits enfants. »

La vie est élargissement de soi

L'enceinte du ventre maternel étant devenue trop étroite pour le corps qui grandit en elle, sa sortie devient nécessaire. La croissance est, selon Mona, un processus continu et progressif (« on grandit de plus en plus »), bien que limité (« un jour, on finit par être grand »). Elle était, selon Hippocrate, supposée être produite par le feu, siège de l'âme, de la pensée, du sommeil et du réveil. Elle sera au contraire définie par les premiers grands théoriciens de la vie du XIXe siècle comme conséquence du mouvement des parties fluides du corps et de l'action des forces propres de la vie :

> La vie, dit ainsi Lamarck, par ses propres forces, tend continuellement à accroître le volume de tout le corps qui la possède, et à étendre les dimensions de ses parties, jusqu'à un terme qu'elle amène elle-même [...].

> La vie active étant constituée par les mouvements vitaux, on doit sentir que c'est principalement dans les mouvements des fluides propres du corps vivant que réside le pouvoir que possède la vie, d'étendre le

volume et les parties de ce corps ; car la nutrition seule ne suffit point ; elle n'est point une force ; et il en faut une pour agrandir, du dedans au dehors, le volume et les parties du corps […].

Paradoxalement, nous sommes dits être « grands » lorsque cette force n'agit plus, quand nous avons cessé de grandir. Nous sommes alors sur le point de devenir adultes, d'aller habiter une autre maison que celle de nos parents et de devenir à notre tour parent. Au mouvement rectiligne d'accroissement du corps succède ainsi celui, cyclique, d'accès de ce corps à l'état d'auteur de la vie d'autres corps, et ainsi de suite. Toute vie serait ainsi, selon Novalis, « un processus de renouvellement exubérant » dont le « point originel » serait comparable au mouvement de la flamme qui saute en permanence par-dessus elle-même. C'est en un sens voisin que Bergson soutiendra que la vie est création continue, moins cette fois à travers l'engendrement d'autres individualités que la production de soi :

> La vie humaine, dit Bergson dans *L'Énergie spirituelle* (1819), a sa raison d'être dans une création qui peut, à la différence de celle de l'artiste et du savant, se poursuivre à tout moment, chez tous les hommes : la création de soi par soi, l'agrandissement de la personnalité par un effort qui tire beaucoup de peu, quelque chose de rien…

La vie est ainsi exigence permanente d'invention ; elle est « évolution créatrice ». Mais Bergson ne dit rien ici concernant les obstacles auxquels se heurte l'effort qui rend possible l'élargissement de soi. Il ne définit pas le contenu du réel de l'activité en laquelle consiste l'invention, ce qui en permet ou en empêche le processus.

« Avant la vie, on est dans le ciel. »

« Adrien : Qu'est-ce que la vie ?
Mona : Avant la vie, on est dans le ciel. Après, on vient dans le ventre d'une maman qui accouche à l'hôpital. Le bébé qui naît a zéro an. À trois ans, il va à l'école, pour la première fois. À quatre ans, il est en moyenne section, il apprend de nouvelles choses. À six ans, il va à l'école primaire, au CP. Il apprend à lire et à écrire et les maths. Ensuite, c'est le CE1 et le CE2... Quand il est au collège, c'est un adolescent. Quand il a quatorze ans, il paraît que c'est l'âge bête. Il paraît... Ensuite il va au lycée, fait des études, travaille, prend sa retraite, à soixante ans, il paraît. Quand il devient vieux, il peut mourir de vieillesse ou de maladie. »

Naître, c'est remettre les compteurs à zéro

Dans ce dialogue, Mona se livre à une explication d'ordre à la fois métaphysique (« avant la vie, on est dans le ciel »), biologique, sociale et existentielle des phases de la vie humaine. Mona situe la période précédant la vie dans le ciel, habituellement défini comme lieu d'accueil des personnes disparues, ayant déjà connu l'expérience de la vie. Mais, comme l'exprime en ces termes Lichtenberg dans *Le Miroir de l'âme* (1765-1799), la part de mystère attachée à l'idée de ce « ciel antérieur » est non moins grande que celle inspirée par l'évocation de l'autre ciel :

> Je ne puis me libérer de la pensée que j'étais *mort* avant d'être né et que je retournerai, à travers la mort, dans ce premier état. C'est un bonheur sous bien des aspects, que cette idée ne puisse être éclairée. Même si l'homme parvenait jamais à pénétrer le secret de la nature, il irait toujours contre son intérêt de le faire. Mourir et revenir à la vie en ayant gardé le souvenir de son existence passée, cela se nomme s'évanouir ; se réveiller avec d'autres organes qui doivent d'abord être recréés, cela s'appelle naître.

À supposer que ce mystère recouvre une part de réalité, la mort ne serait qu'évanouissement précédant un retour à la conscience, nous laissant en possession de la même identité organique et psychique. Mais ce retour à la conscience ne serait nullement naissance, laquelle suppose le passage par une nouvelle embryogenèse.

Loin de faire de ces deux ciels inaccessibles aux connaissances sensible et rationnelle une dimension occulte ou utopique de l'existence, le propos de Mona suggère l'idée d'un parallélisme entre plusieurs mondes : celui des deux ciels et le monde terrestre. Mondes qui ne communiquent pas entre eux. Pourtant, la vie dans le second ciel semble inconcevable sans le passage par le premier.

Ce que l'on appelle « venue au monde » est, comme nous l'avons vu, séjour intra-utérin avant d'être naissance. Mona ne prononce pas le mot. Elle parle de son moyen : l'accouchement dans l'institution hospitalière. Celle-ci semble être le lieu inventé par les hommes pour rendre possible l'atterrissage de vivants venus d'ailleurs sur la planète Terre. L'hôpital serait en quelque sorte l'aéroport par lequel transiteraient ces vivants avant de venir séjourner dans nos villes ou villages, d'apprendre à connaître peu à peu leurs maisons, leurs rues, leurs arbres et le chant des oiseaux. La nature aussi, avec ses plaines, ses montagnes et ses cours d'eau. Les humains et les autres enfants aussi. Ces nouveaux venus apprendront peu à peu l'idiome local et se familiariseront avec les coutumes de leur pays d'adoption. Pays qu'ils ont peut-être tout autant adopté qu'il ne les a adoptés en les considérant comme ses enfants. Lentement mais sûrement, ils oublieront le ciel d'où ils viennent. Les compteurs de leur mémoire seront remis à zéro. Ils apprendront que « le bébé qui naît a zéro an ». La naissance, c'est l'an zéro d'une nouvelle ère : celle où le temps mathématique règne en maître, où la temporalité biologique impose ses rythmes, avec, pour chef d'orchestre, le cœur, organe quelquefois comparé au « soleil du microcosme » que constitue le corps humain. Ce petit monde a aussi son ciel où se forment les songes et les rêves. Ses ciels, aussi ! Sept au total ! Le septième étant celui auquel permet d'accéder l'amour. Il touche les confins de la vie, là où se trouve le pic dit de « la petite mort » atteint dans les plus doux transports amoureux, laissant entr'apercevoir sans crainte le huitième ciel de la mort. Celle-ci cesse un instant d'apparaître comme objet terrifiant. En effet, dit Sénèque dans ses *Lettres à Lucilius* (IIIe siècle av. J.- C) :

> La durée de la vie ne doit pas nous soucier, mais sa plénitude. Car, pour vivre longtemps, il est besoin du destin ; pour vivre pleinement, il suffit d'avoir une âme. La vie est longue, si elle est pleine. Or, elle se remplit quand l'âme s'est acquis le bien qui lui est propre et s'est rendue maîtresse d'elle-même.

Sénèque montre ici que la vie que nous savons éprouver importe plus que les années que nous cherchons à y ajouter.

Vivre, c'est être à l'écoute de ce qui en nous veut vivre

> *« Mais c'est l'éternelle vivacité qui importe : que nous fait la "vie éternelle", et, en général, la vie ! »*
> Nietzsche, *Opinions et sentences mêlées* (1886), § 408.

La quête de l'immortalité, fantasme de notre époque, nous rend de surcroît étrangère l'idée selon laquelle la vie, en tant que « flux ininterrompu », ne provient que d'elle-même, autrement dit, est éternelle, comme le suggère ici Nietzsche. Rechercher l'immortalité relève ainsi d'une méconnaissance de l'éternité de la vie et nous empêche de nous laisser porter et transporter par son flux. Cette quête témoigne peut-être, au fond, de la peur de se laisser déborder par la vie, dont témoigne la réduction de celle-ci à une *quantité* d'années que nous souhaiterions étendre à l'infini. Elle rend enfin difficilement recevable l'idée avancée par Nietzsche, dans *Le Gai Savoir* (1882-1885), de la non-vérité de l'opposition de la vie et de la mort :

> Gardons-nous de dire que la mort est le contraire de la vie. La vie n'est qu'une variété de mort, et une variété très rare.

La vie n'est, selon Nietzsche, qu'une variation de la mort dans la mesure où l'expression de ses forces suppose le dépouillement permanent de leur écorce : ce qui en nous veut vivre et s'affirmer rend caduques nos idées anciennes, qui, à la manière d'une cataracte, nous empêchent de voir la réalité. Ce qui en nous veut vivre brise l'écran des représentations que nous nous sommes forgées et qui réduisent la vie au raisonnement :

> Nous nous sommes accommodé un monde dans lequel nous puissions vivre, en admettant l'existence de corps, de lignes, de surfaces, de causes et d'effets, de mouvement et de repos, de forme et de fond : n'étaient ces articles de foi, nul aujourd'hui ne supporterait la vie ! Mais cela ne prouve rien en leur faveur. La vie n'est pas un argument ; car l'erreur pourrait se trouver parmi les conditions de la vie.

La réduction de la vie à ce qui brille en elle du point de vue de l'esprit[1] ne relève-t-elle pas d'une stratégie défensive tenant à la limitation de la dose de vérité

---

1. Le mot « argument » vient du latin *arguo, - ire*, au sens de faire briller ou de développer des arguments convaincants.

que nous sommes capables de supporter ? Les dimensions intempestive, festive et tragique à la fois de la vie nous épouvantent, obsédés que nous sommes par l'idéal de maîtrise de la nature et de la douleur, par l'élimination de toute cause de déplaisir.

> *L'ancien monde et la joie.* – Les hommes de l'ancien monde, dit Nietzsche dans *Opinions et sentences mêlées* (1886), savaient mieux *se réjouir :* nous nous entendons à nous *attrister moins ;* ceux-là découvraient toujours de nouvelles raisons pour goûter leur bien-être et pour célébrer des fêtes, ils y mettaient toute la richesse de leur sagacité et de leur réflexion : tandis que nous employons notre esprit à la solution de problèmes qui ont plutôt en vue de réaliser l'absence de douleur et la suppression des sources de déplaisir.

La poursuite de ce double idéal de maîtrise et de prophylaxie génère aussi l'assimilation de l'immortalité au Souverain Bien. Immortalité dont la science espère un jour découvrir le secret.

Vivre, c'est zigzaguer

Comment prolonger la vie ? Ici divergent la réponse et l'orientation de l'effort du savant et du philosophe :

> Il y a, dit à nouveau Lichtenberg dans *Le Miroir de l'âme*, deux voies pour prolonger la vie : la première est d'éloigner l'un de l'autre ces deux points que sont la naissance et la mort, afin d'accroître la route à parcourir [;] la seconde voie est de marcher plus lentement, en laissant les deux points là où Dieu voulut

qu'ils fussent : c'est la voie des philosophes. Ceux-ci ont découvert que la meilleure des choses est de vivre comme s'il s'agissait d'une promenade d'herboriste qui va, zigzaguant, ici tentant de sauter un fossé, plus loin encore un autre, et qui hasarde une pirouette, là où nul ne le voit, pour poursuivre ensuite.

La voie plus lente de l'aller-retour et de l'hésitation semble, aux yeux du philosophe, plus apte à briser le cercle de nos représentations où la mort apparaît comme étant le pire des maux :

Nous ne vivons pas, dit ainsi Gilles Deleuze dans *Spinoza. Philosophie poétique* (1981), nous ne menons qu'un semblant de vie, nous ne songeons qu'à éviter de mourir, et toute notre vie est un culte de la mort.

Mais zigzaguer est aussi divaguer pour se laisser le temps de recueillir – à la manière d'un herboriste – les ingrédients d'une pensée vive et d'une subjectivité discrète, laissant toute leur place au corps, à la pensée et à la vie qui les traverse. Vie dont le flux et les métamorphoses qu'il engendre ne sauraient se réduire à l'alternance des époques de notre existence : les unes réservées à l'étude, les autres au travail, à la retraite. Pourtant, chacun de ces déterminants de notre vie sociale joue un rôle décisif dans la construction de notre rapport au monde, aux autres et aux choses. Ainsi, le travail occupe-t-il par sa présence ou son absence – en cas de chômage – la vie des adultes, leur esprit et leur cœur. Entre l'enfance et la vieillesse règne le travail. Il semble être le pont qui assure le passage entre les deux pôles principaux de la vie. Il est aussi, en lien étroit avec la vie et l'enchaînement des impressions et mouvements qu'il convoque, vecteur d'accroissement du champ d'investigation de nos pensées, comme sut le montrer Cabanis, avant Marx, dans *Rapports du physique et du moral de l'homme* (1802) :

> Vivre n'est autre chose que recevoir des impressions et exécuter les mouvements que ces impressions sollicitent [et] chaque mouvement devient, à son tour, le principe, ou l'occasion d'impressions nouvelles, dont la répétition fréquente et le caractère varié doivent agrandir de plus en plus le cercle de nos jugements, ou tendre sans cesse à les rectifier. Il s'ensuit de là, que le travail, en donnant à ce mot sa signification la plus générale, ne peut manquer d'avoir une influence infiniment utile sur les habitudes de l'intelligence, et par conséquent aussi sur celles de la volonté.

Peu à peu, l'enfant découvre que le travail scolaire le prépare à son entrée future dans le monde du travail. Comme le travail scolaire, le travail suppose l'existence d'une trame d'échanges entre les individus qui l'effectuent et qu'il mobilise. Or, en tant que mode de relation intersubjectif, le travail est aussi un langage. Langage dont l'école aurait pour mission de nous apprendre les principes.

Vivre, c'est atteindre la sagesse

La fin du dialogue opère un retour vers le plan existentiel. La vieillesse et la maladie sont les situations où peut survenir la mort. Nous nous situons ici sur le plan du possible. La maladie n'est pas toujours fatale. Elle est d'abord ce qui élève la vie à la conscience d'elle-même, comme le montre Canguilhem dans *Le Normal et le Pathologique* (1943). La mort, quant à elle, demeure une éventualité encore lointaine, qui concerne un bébé devenu vieux... Mona syncope ici les états de la prime enfance et de la vieillesse, comme si le fait de vieillir ne nous éloignait pas fondamenta-lement des premières années de notre vie. Est-ce à dire que la sagesse, habituellement attribuée à l'âge, serait devenue accessible à la prime enfance ? Ce qui signifierait que l'accès à la sagesse supposerait moins l'atteinte d'une borne ultime qu'une limite essentielle de la vie, comme le suggère Sénèque :

> Tu demandes quel est le plus vaste espace de vie ? Vivre jusqu'à la sagesse ! Qui l'a atteinte touche, non à la dernière borne, mais à l'essentielle.

Mais sans doute Sénèque songeait-il moins ici à honorer les enfants du titre de « sages » qu'à démon-trer la dimension extra-temporelle de la sagesse, où l'essentiel prévaut sur l'ultime.

Chapitre V

Qu'est-ce que l'amour ?

*« La source du grand amour. – D'où peuvent bien
naître les passions soudaines d'un homme pour une
femme, les passions profondes et intimes ?
Elles sont dues à la sensibilité moins qu'à tout autre
chose : mais, lorsque l'homme trouve, dans un être,
tout à la fois de la faiblesse, du dénuement et
de la pétulance, il se passe quelque chose en lui
comme si son âme voulait déborder : il se sent
en même temps touché et offensé. C'est de ce point
sensible que jaillit la source du grand amour. »*
Nietzsche, *Opinions et sentences mêlées* (1886), § 116.

La joyeuse vie des amoureux s'oppose, dans l'esprit des enfants, à certaines pesanteurs de la vie familiale. Indignée, Mona reproche aux maris – ou compagnons – d'être trop directifs. Je m'étais pourtant juré, enfant, de ne jamais me conformer, une fois devenu adulte, au modèle du « chef de famille ». Pourtant, être parent suppose l'exercice d'un minimum d'autorité sur ses enfants. Comment alors devenir père en conservant son cœur d'enfant ? Comment ne pas s'endurcir ou se figer dans des attitudes défensives de commandement ?

« L'amour, c'est quand on trouve les gens beaux et gentils. »

« Adrien : Tu me disais hier penser à tes amoureux. Qu'est-ce qu'on sent quand on est amoureux ?
Mona : De l'amour ! En fait, l'amour c'est quand on aime bien les gens, qu'on les trouve beaux et gentils !
Adrien : Cela fait plaisir ?
Mona : Oui !
Adrien : Tu penses beaucoup à tes amoureux ?
Mona : Je ne les oublierai jamais, mes amoureux ! J'en ai trois. Warren, Benjamin et Steven.
Adrien : Rêves-tu d'eux la nuit ?
Mona : Oui ! On se fait des bisous ! On va dans un grand parc et on joue ensemble à chat.
Adrien : Que penses-tu quand tu vois des grands amoureux ?
Mona : Je pense qu'ils ne vont pas se faire des bisous sans en faire à leur enfant. »

Aimer, c'est s'émerveiller

« Tu es la seule chose
que je puisse tenir contre moi
et tes yeux d'amour sont uniques
comme le plus beau des couchants de mon enfance. »
Lucien Becker, *Rien que l'amour* (1997).

À la question portant sur la nature des sensations éprouvées en aimant, Mona me répond par la définition de la qualité d'un sentiment : aimer, c'est « bien aimer » quelqu'un que l'on trouve « beau et gentil ». L'amour est pour elle *bon amour*, au sens littéral du terme, avant d'être palpitation du cœur que l'on sent battre violemment dans sa poitrine à la seule évocation de l'être aimé. Je me souviens avoir de mon côté mis très longtemps à comprendre que « bien aimer » quelqu'un n'était pas l'aimer au sens où l'entendent les amoureux, à la manière de Roméo et Juliette. La compréhension du sens de cette distinction, avant d'avoir moi-même fait l'expérience de l'amour, me révolta. Pourquoi, me demandai-je alors, apparente-t-on le bon amour à une forme d'amour imparfaite, inaccomplie ? J'en vins à soupçonner que l'amour nous fait voir celles ou ceux qui en sont l'objet autrement que seulement « beaux et gentils ». Il s'agirait aussi d'éprouver autre chose. L'amour ferait ainsi plus que rendre agréable le monde : il l'embellirait ou transformerait notre regard sur lui, comme me le suggéraient mon frère et mes sœurs aînés en me parlant de leurs amoureux ou de leurs amoureuses. Aimer, c'est peut-être tenir passionnément à quelqu'un tout en jetant sur le monde un regard inspiré par une gentillesse princière. Tel est du moins ce que je supposais, enfant…

Lorsque je demande à Mona si elle pense souvent à ses amoureux, elle me répond en se situant du point de vue de l'absolu d'un amour gravé au cœur (« je ne les oublierai jamais mes amoureux ! »). Amour unique dans son principe, bien qu'éprouvé pour plusieurs personnes. Amour aux multiples expressions possibles, avec Warren, Benjamin et Steven. Amour qui habite les rêves. S'aimer et jouer ensemble quand on est enfant. S'aimer et jouer sans jouer le jeu amoureux des adultes. Jeu qui est aussi celui d'une distribution d'amour (« les grands ne vont pas se faire des bisous sans en faire à leur enfant ») aux yeux de l'enfant ne pouvant imaginer que les adultes puissent s'aimer sans lui, fruit et raison de leurs amours. Cupidon est enfant !

« *Les maris commandent toujours !* »

Mona, adossée au mur de la cuisine, de l'air le plus sérieux et déterminé qui soit : « *Quand je serai grande, je ne choisirai pas de mari et n'aurai pas d'enfants et comme ça je serai au calme !*

Adrien : Que font donc les maris de si terrible ?

Mona (fronçant les sourcils) : *Ils commandent toujours ce qu'on doit manger, les femmes et les enfants !*

Adrien : Mais j'aime trop ta maman pour la commander… en plus, je ne sais pas faire cela.

Mona : Pourquoi ?

Adrien : Parce que je ne me sens né ni pour obéir ni pour commander.

Mona : Pourquoi alors ?

Adrien : Pour me laisser pousser d'autres oreilles derrière celles que je possède déjà.

Mona : Ce n'est pas possible !

Adrien : Mais si, pour mieux t'entendre…, toi, ta maman et le chant de la vie.

Mona : C'est quoi, le chant de la vie ?

Adrien : C'est aussi celui de l'amour que l'on n'entend pas comme cela.

Mona : Comment, alors ?

Adrien : En s'arrêtant tout simplement pour l'écouter. »

Aimer, c'est partager bonheurs et servitudes

Probablement agacée par une remarque que je lui avais faite ce matin-là, où j'étais seul avec elle, Mona s'insurge. Mais l'objet de sa rébellion semble moins la manière dont j'exerce mon autorité paternelle que la domination des femmes par leurs maris et les servitudes de la vie conjugale. Vie, selon elle, trop agitée, empêchant de connaître le calme. La force du sentiment de révolte de Mona me surprend tout autant que le caractère radical de la solution qu'elle préconise : ni mari ni enfants ! Le tort des maris est, selon elle, de commander leurs femmes et de vouloir prescrire à leurs enfants les moindres faits et gestes de la vie quotidienne, autrement dit, d'agir en parfaits tyrans domestiques. Ce à quoi je rétorque en disant que l'amour empêche l'installation de toute relation de pouvoir, qu'aimer n'est pas dominer.

Mais, tout en apportant cette réponse à Mona, j'ai conscience que l'absence d'amour ne suffit pas à expliquer l'installation de la domination au sein du couple. Celle-ci n'existe-t-elle pas à notre insu car dépendant de rapports sociaux transcendant notre vouloir ? Si bien que les maris ne feraient jamais que commander. Par déterminisme, en quelque sorte, auquel aucun mari ou compagnon ne saurait échapper. Constat lucide de l'existence de lois en vertu desquelles l'état (en l'occurrence, le mariage) transforme l'individu qui le vit ? Ou fatalisme commode ? Si l'on écarte cette seconde hypothèse, suggérée par le théâtre de Molière, pour analyser les conséquences de la première, la prégnance du modèle culturel du rapt marquant originellement la relation conjugale s'affirme. En effet, le mariage d'une femme est, dans notre culture, associé à l'idée de rapt, y compris sous la forme du ravissement..

Avoir été ravie, au double sens du terme, ou s'être laissée ravir, signifie l'entrée dans la vie conjugale consistant, toujours selon l'étymologie, à porter un joug en commun : celui que fait peser sur ses épaules la tâche de la construction d'un foyer et l'éducation des enfants. Tâche lourde et complexe à laquelle peu d'entre nous sont préparés. D'où le risque de disputes dévastatrices pour les enfants, comme celles de ses parents, dont Stanley Cavell évoque le souvenir dans *Un ton pour la philosophie* (2003) :

> La destruction spirituelle que produisaient leurs querelles et la façon dont chacun détruisait l'intérêt de l'autre au monde sont pour moi le paradigme de disputes qui ne doivent pas être gagnées, et donc (je pense) de ma conception de la philosophie comme une façon de venir à bout de la polémique, de refuser de prendre parti entre les positions métaphysiques, de chercher à montrer que ce ne sont pas des positions utiles mais de vaines constructions.

Le tragique spectacle des disputes familiales, durant son enfance, a rendu le philosophe plus sensible que d'autres à la vanité des querelles de mots, au point de faire de ce constat la pierre angulaire de sa propre démarche.

Aimer, c'est construire à deux sa propre existence

Souvent, l'imagination nécessaire à l'invention de cette vie au quotidien fait défaut. L'amour cesse bien vite d'être ce que D.H. Lawrence appelle, dans *Homme d'abord* (1930-1936), « la gravitation précipitée de l'esprit vers l'esprit, et du corps vers le corps, dans la joie de créer ». Le voile de l'habitude nous empêche d'inscrire dans la durée ce qui nous avait un temps ravis. En fait, peu d'entre nous sont préparés à vivre conjugalement. Le souffle nécessaire, pour ce faire, est comparable à celui du marathonien, contrairement à ce que nous incitent à croire les illusions de la séduction, dont Tolstoï dénonce amèrement les méfaits dans la *Sonate à Kreutzer* (1891) :

> Voilà donc comment j'ai été pris. J'étais ce qu'on appelle amoureux. Non seulement elle m'apparaissait comme un être parfait, mais durant le temps de mes fiançailles je me considérais aussi comme un être parfait.

Le mensonge romantique qui entoure la vie à deux n'est-il pas là pour masquer l'embarras éprouvé devant le fait de passer, sans que l'on sache bien pourquoi ni comment, de l'enfance à l'âge adulte où nous devenons capables d'engendrer ce que nous avons été en nous mêlant, en nous « mariant », au sens culinaire du terme, au corps et à la *psychè* de l'autre. En ce sens – mais pas uniquement –, l'amour est un art. Mais celui-ci ne s'exerce pas sur la base de recettes. Il repose sur l'expérience d'une autre métamorphose que celle occasionnée par le passage de l'enfance à l'âge adulte : celle d'une construction à deux de sa propre existence. Aimer, c'est croître avec celle ou celui qui partage notre existence. C'est *stricto sensu* atteindre la dimension concrète (de *concresco, ere*, « croître avec ») de celle-ci. Non par abandon de nos rêves mais du fait de notre implication dans un processus de création à deux excluant toute logique de pouvoir. Se marier ne signifie pas renoncer à ses rêves d'enfance et de jeunesse, « enterrer » nos vies de garçon ou de jeune fille, mais échapper à la chimère du moi authentique, maître de soi, de ses pensées et du cours de son existence. Croître avec, ce n'est pas seulement partager, soutenir et être soutenu, c'est échapper aux illusions de la toute-puissance.

Toutefois, force est de constater que le lien qui unit l'homme et la femme est rarement vécu sur ce plan d'« existence concrète ». Le couple se construit souvent sur le mode d'une association de deux personnes revendiquant chacune sa part d'existence propre, le plus souvent pour les motifs les plus nobles, tels que le travail de réflexion exigeant calme et concentration, comme si les pensées venaient toujours à nous quand nous le voulons. Peut-être la logique de ce « quand nous le voulons » inspire-t-elle à mon insu, bien que de façon précautionneuse et douce, ma manière d'être dans le contexte familial. Tel est du moins ce que j'entends à travers le propos de Mona qu'il me semblerait facile d'imputer à un accès de mauvaise humeur. Mona touche en effet ici à la réalité d'un construit social expliquant le fait que les hommes éprouvent moins de scrupules à s'isoler pour travailler que leurs femmes ou compagnes. Mais, s'interroge Virginia

Woolf dans *Une chambre à soi* (1929), ces derniers savent-ils seulement « évaluer l'ardeur et la violence d'un cœur de poète quand ce cœur habite le corps d'une femme, est intimement lié à lui » ? Ce « non-savoir » commode est, à ses yeux, ce qui rend l'histoire de l'opposition, plus ou moins consciente ou affirmée, des hommes à l'émancipation des femmes, plus intéressante que celle de cette émancipation elle-même. Opinion dont Mona ne manquera pas un jour d'analyser les présupposés... Toutefois, solidarité d'esprit ne signifie pas nécessairement sympathie de cœur. Je ne puis en effet, en évoquant ces réflexions, m'empêcher de me remémorer le jour où Mona, alors âgée de deux ans et demi, s'est précipitée vers le vide-ordures de notre appartement pour y jeter l'exemplaire de *La Fascination de l'étang* (1905-1941) de Virginia Woolf, que je venais d'offrir à sa maman pour Noël, en s'écriant : « Ça pas beau ! »

Aimer n'est pas posséder

À la diatribe anti-virile de Mona, je rétorque que l'amour empêche de se placer en situation de commandement. Il est impossible de commander qui l'on aime. Conception qui, lorsque je relis les dernières répliques de ce deuxième dialogue, me paraît non dépourvue d'ambiguïtés. Est-ce à dire que, comme le montre Alberto Moravia dans *L'Amour conjugal* (1949), le pouvoir vient hanter jusqu'à l'amour lui-même ? Ainsi se comprend la coexistence possible de la dispute avec l'amour compris comme étant, selon Moravia, « ce mélange de dévotion ardente et de légitime luxure, de possession exclusive et sans limite et de joie confiante née de cette possession ». Sentiment qui, selon l'auteur, conduit les hommes à dire « ma femme » comme ils disent « ma maison » !

La relation amoureuse se réduirait ainsi, sur le plan social, à un rapport de sujet à objet voilé par le sentiment, mais peu à peu révélé par l'habitude née de la reconduction infinie de ce rapport. La domination et la servitude que cette relation engendre seraient les fantômes qui hantent le domaine de l'amour. Comment, me demandais-je enfant, expliquer que les femmes, aux charmes célébrés par les hommes, soient celles à qui sont dévolues les tâches les plus ingrates au sein de l'espace domestique ? Est-ce pour les contraindre à s'excuser d'être belles, du fait de pouvoir plaire à d'autres hommes ? Le bonheur des amants fondé sur le sentiment d'une appartenance réciproque m'est peu à peu apparu suspect. Aussi, en écoutant Mona me dire qu'elle ne se marierait jamais, me suis-je demandé si ma perplexité ne l'avait pas affectée d'une quelconque manière. J'ai aussi entendu, en écho à son refus *a priori* du mariage, ce que dit Luce Irigaray dans *Ce sexe qui n'en est pas un* (1975) :

Comment le dire ? Que tout de suite nous sommes femmes. Que nous n'avons pas à être produites telles par eux. Que cela est toujours arrivé sans leur travail. Et que leur(s) histoire(s) constitue(nt) le lieu de notre déportation. Ce n'est pas que nous ayons un territoire propre, mais leur patrie, famille, foyer, discours, nous emprisonnent dans des espaces clos où nous ne pouvons continuer à nous mouvoir. À nous vivre. Leurs propriétés, c'est notre exil. Leurs clôtures, la mort de notre amour. Leurs mots le bâillon de nos lèvres.

La question de la construction de lieux de pensée et d'action par les femmes – sans que ce lieu ne fasse l'objet d'une revendication d'appropriation territoriale – dans un monde conçu par et pour les hommes qui les emprisonnent se pose ici. Elle rejoint celle de la réduction des rapports entre les hommes et les femmes aux jeux de la séduction dont les hommes ont choisi d'être la dupe, autrefois posée par Gabrielle Suchon dans son *Petit Traité de la faiblesse, de la légèreté et de l'inconstance qu'on attribue aux femmes mal à propos* (1693) :

Si les hommes qui s'attribuent la qualité de forts et qui font une profession ouverte de publier partout la faiblesse des femmes examinaient sérieusement la manière dont elles se comportent à leur endroit, ils verraient bientôt qu'elles les traitent comme des enfants ; car bien loin de chercher à leur plaire par les charmes de la vertu, de l'esprit et de la science, elles ne mettent en usage que de légers amusements, des beautés fardées, des parures et des ajustements affectés ; et au lieu de les attirer par les choses graves et sérieuses, elles ne leur sont agréables que par la vanité de leurs habits, l'extravagance de leur coiffure, la coquetterie de leur conversation et l'enjouement de leurs paroles. C'est avec ces faibles armes qu'elles surmontent la force de ces braves Samsons, qui s'amusent à ces petits attraits comme le font les enfants avec des fantômes, les préférant sans discernement aux choses les plus grandes et les plus riches. En un mot, un peu de galanterie est plus propre pour les engager à l'amour des femmes que des raisonnements solides, des discours judicieux et des connaissances relevées.

Plus que la seule histoire des rapports entre les hommes et les femmes, ce texte résume l'ensemble de l'histoire de l'humanité, où les hommes font figure d'enfants peu sensibles aux charmes de la vertu, de l'esprit et de la science, auxquels ils préfèrent ceux du divertissement et de la séduction. La puissance qu'ils prétendent tenir de leur courage et de leurs victoires au combat n'a d'égal que leur aveuglement. La ruse d'une Dalila[1] n'a que rarement besoin de se déployer pour réduire cette puissance à néant.

L'amour est le chef-d'œuvre de notre être

Comme le montre Rilke dans ses *Lettres à un jeune poète* (1929), l'amour relève d'une exigence extrême :

> L'amour d'un être humain pour un être, c'est peut-être l'épreuve la plus difficile pour chacun de nous, c'est le plus haut témoignage de nous-même ; l'œuvre suprême dont toutes les autres ne sont que des préparations.

---

1. Courtisane qui livra Samson aux Philistins, après lui avoir coupé les cheveux, d'où il tirait sa force surhumaine.

L'amour, disait en un sens voisin Destutt de Tracy dans *De l'amour* (1813), « est le sentiment par excellence auquel concourt toute notre organisation, qui emploie toutes nos facultés, qui satisfait nos désirs, qui réunit tous nos plaisirs : c'est le chef-d'œuvre de notre être ».

« Dès que je suis amoureuse, on me le pique ! »

« Mona : L'amour, c'est quand on est amoureux, quand on fait des bébés en s'aimant tout fort ! C'est pas que ça ! C'est quand on aime les gens !

Adrien : Quand maman ou moi te lisons des histoires, tu as déjà entendu l'expression "faire l'amour". Est-ce que l'amour se fait ?

Mona : Ça se fait et tu le sais très bien ! L'amour, c'est l'amour du lion avec la lionne, du mâle avec la femelle.

Anna : Ils sont comment, les amoureux ?

Mona : À chaque fois que je suis amoureuse de quelqu'un on me le pique ! Et Warren, il ne m'aime pas du tout !

Anna : C'est triste.

Mona : Très triste !

Anna : C'est toujours comme ça ?

Mona : Pour moi en tout cas !

Anna : L'amour n'est pas drôle, alors ?

Mona : Warren est trop bête ! En plus, les amoureux me font croire qu'ils sont amoureux de moi alors que ce n'est même pas vrai. Moi, je ne les aime plus.

Anna : Tu es fâchée ?

Mona : Oui, très fâchée ! »

L'amour est enfant d'une sagesse

Dans ce dernier dialogue, Mona établit une équivalence entre l'amour et le fait d'être amoureux. État qui, s'il est vécu dans toute son intensité, aboutit à la conception d'enfants (« on fait des bébés en s'aimant tout fort »). Cette équivalence posée entre fait, état et sentiment pour caractériser l'amour témoigne d'une conscience, chez Mona, de la richesse de ce concept. De son ambiguïté aussi, liée à sa dimension à la fois factuelle et déclarative : l'amour ne peut se contenter d'être ; il a besoin d'être déclaré.

Mais, comme le dit Paul Valéry dans *Tel Quel* (1941), l'amour est aussi objet d'une sagesse qui tantôt le fuit, tantôt le recherche :

SAGESSES

Une sagesse fuit l'Amour
Comme la bête fuit le feu ;
Elle craint d'être dévorée.
Elle a peur d'être consumée.

Une Sagesse le recherche
Et comme l'être intelligent,
Loin de la fuir, souffle la flamme,
La fait sa force et fond le fer,
Ainsi l'Amour lui prête ses puissances.

Ces vers expriment l'ambivalence de l'attitude de certains d'entre nous à l'égard du sentiment amoureux, parfois perçu comme risque de dépossession de soi.

Aimer, c'est posséder un cœur de lionne

Il est non moins frappant de constater que, dans l'esprit de Mona, le point culminant de l'amour consistant en l'étreinte donnant lieu à la conception d'enfants ne saurait en épuiser la signification : « [L'amour n'est] pas que ça ! » Il concerne le genre humain considéré dans son ensemble.

À l'évocation de cette dimension généreuse de l'amour éprouvé à l'égard d'autrui et indépendamment de l'attrait qu'il exerce sur nous s'oppose celle, intime, de l'acte amoureux. Un effet de contraste violent apparaît ici entre ces deux dimensions – altruiste et sexuelle – de l'amour. Ma question : « Est-ce que l'amour se fait ? » semble agacer Mona, qui me reproche vigoureusement ma fausse ingénuité : « Ça se fait, tu le sais très bien ! » Elle me répond en proposant une définition qui renvoie davantage aux caractères sexué et animal qu'à la dimension sexuelle de l'amour, lequel devient, au sens le plus fabulatoire du terme, l'histoire de la rencontre du mâle et de la femelle. Le choix de l'évocation par Mona de la rencontre du lion et de la lionne n'est pas fortuit. Aimer suppose peut-être la possession d'un cœur de lion. Et peut-être davantage de lionne que de lion. La lionne, en effet, non seulement aime son compagnon mais veille sur ses lionceaux. Peut-être est-ce pour défendre l'idéal de cette manière d'aimer que Mona a dit un jour à ses parents avoir décidé de devenir « chasseuse de chasseurs » quand elle sera grande... Elle leur écrit deux lettres d'amour pour les remercier

117

de lui avoir permis de venir sur terre pour accomplir cette difficile mission :

Première lettre

« Petite maman et petit papa, je vous aimerai toujours et j'espère que vous serez plus jamais malades et aussi que allez mourir quand je serai morte, mais même si vous êtes morts je vous aimerai toujours. Je vous aimerai pour la vie entière. »

Seconde lettre

« Maman, je t'aime comme une étoile filante. J'aime bien quand tu me fais des câlins. Tu es belle comme un joli papillon qui butine les petites fleurs. Les petites fleurs roses. Maman tu es mon petit cœur. Maman, tu es belle comme un soleil qui brille ! »

Chapitre VI

Qu'est-ce que la mort ?

> *« La vie peut être considérée comme une ligne*
> *aux courbures diverses qui court le long d'un axe*
> *(la limite de la vie). La mort subite est*
> *un trait perpendiculaire qui la coupe et la maladie,*
> *elle, forme des lignes parallèles. »*
> Lichtenberg, *Le Miroir de l'âme* (1765-1799).

À la différence de la maladie qui nous apprend à exercer notre pouvoir créateur de nouvelles normes de vie, induisant le parallélisme entre plusieurs régimes de vie possibles, la mort marque une rupture, qui sépare irrémédiablement ceux que nous appelons les « vivants » de ceux que nous appelons les « morts ». Mais, nous dit Sénèque dans les *Lettres à Lucilius* (62-65) : « Celui que tu crois mort n'est qu'en avant-garde. Or, quelle pire folie que de pleurer celui qui t'a précédé, quand tu dois, toi aussi, arpenter le même chemin ! On déplore, une fois arrivé, un événement dont on savait bien qu'il aurait lieu, ou alors, si l'on a cru que la mort ne concernait point l'homme, on s'est fait illusion. » Dans les dialogues qui suivent se trouvent décrits la manière dont Mona se représente la mort, les effets sensibles et métaphysiques de celle-ci et le fait même de mourir.

« La mort, c'est quand on ne nous voit plus. »

« Mona : La mort, c'est quand les gens sont morts. La mort, c'est quand on n'est plus là ! C'est quand on ne nous voit plus ! C'est quand on est dans le ciel !
Adrien : Que se passe-t-il alors ?
Mona : On s'envole, mais pas avec nos os !
Adrien : Pourquoi ?
Mona : Parce qu'ils sont trop lourds. Mais on s'envole avec notre cœur, mais pas le même que celui que nous avons.
Adrien : Un cœur léger ?
Mona : Non, un autre cœur. »

La mort est fin et commencement

> *« Il n'est pas vrai que la mort nous arrive*
> *comme une expérience devant laquelle*
> *nous sommes tous des débutants (Montaigne).*
> *Avant de naître, nous étions tous morts. »*
> Pavese, *Le Métier de vivre* (1935-1950).

Dans ce premier dialogue, Mona semble refuser de définir la mort de façon générale ou abstraite et considérer que la mort n'existe pas en soi mais relativement à ceux qu'elle frappe. La mort existe quand les individus qu'elle touche disparaissent. Est-ce à dire que la mort ne sort de son néant qu'en anéantissant ? La mort

120

ne tiendrait-elle pas la certitude de soi de la négation de l'existence de ceux que tôt ou tard elle rappelle à elle ? Comme si la non-existence dans laquelle elle nous plonge nous ramenait au temps d'avant la naissance où nous n'existions pas encore. Ce retour sur fond de souvenir d'une non-existence antérieure, si l'on en admet l'hypothèse, ferait de la vie un voyage entre deux bornes frontières : la naissance et la mort, laquelle concerne uniquement celles ou ceux qui ont vécu. La mort serait ainsi moins le terme de l'existence que le retour à un état de non-existence premier, moins anéantissement que retour au non-être originel. À moins qu'elle ne soit issue, sortie vers un autre mode de non-existence – du moins apparaissant tel à nos yeux. Mais si la mort est accès à un état proche de la non-existence précédant notre naissance, une relation de singulier voisinage ne s'instaure-t-elle pas entre les points initial et final de notre vie ? Peut-être est-ce pour cette raison que Mona pense que la mort est fondamentalement la propriété de ceux qui sont nés, et qui un jour meurent de ce fait. Morts d'être nés. Nés d'être morts ?

> La vie, dit Novalis dans *Semences* (1797-1798), est le commencement de la mort. La vie est à cause de la mort. La mort est à la fois fin et commencement – séparation et rapport intime à soi.

La mort serait en soi ambivalence. Pensée qui pourrait être celle d'un enfant encore proche de la naissance, et qui, pour cette raison, n'éprouverait pas le besoin de dire, à la manière d'Épicure, que la mort n'est rien.

> Quand je suis en vie, dit Épicure dans sa *Lettre à Ménécée* (IIIe siècle av. J.-C.), la mort ne me concerne pas encore, lorsque je ne suis plus, la mort ne me concerne déjà plus.

Peut-être l'enfant, encore proche du temps de la naissance, n'a-t-il pas besoin de rationaliser son rapport à la mort, de se défendre contre l'idée d'anéantissement de soi en niant jusqu'à la réalité même de la mort. Inconcevable pour l'enfant, ce jeu d'esquive avec l'idée de la mort – plus qu'avec la mort elle-même –, s'il en rationalise l'approche, n'en définit pas plus la portée existentielle qu'il n'en résout l'énigme. Or, ce n'est peut-être qu'à l'approche de la mort que s'apprécie la portée existentielle de celle-ci, que nous prenons la mesure de ce qu'elle est réellement. Ce sentiment, à l'origine d'une grande inquiétude, tient paradoxalement moins à la résignation, à la conscience de la vanité de lutter contre elle, qu'à la conviction de son intime subordination aux lois de la vie. C'est la vie qui décide de la mort, même si celle-ci semble en disposer. (Est-ce la raison pour laquelle Mona suppose que nous nous envolons vers la mort, le cœur léger ?) La mort interrompt le fil de notre vie à la manière des Parques[1]. Mais c'est le flux même de notre existence, notre destin de vie, qui nous porte plus ou moins précocement vers elle.

Ce caractère ambigu de la vie, il me semble l'avoir compris enfant, durant les semaines qui ont précédé mon opération à cœur ouvert. Alors âgé de neuf ans,

---

1. Clotho, Lachésis et Atropos sont, dans la mythologie grecque, les trois déesses des Enfers, interrompant le fil des vies humaines.

je me promenais en forêt. Les rayons du soleil déclinant traversaient les branches des chênes et des hêtres dépouillés de leurs feuilles, plantés au-dessus du chemin qui conduisait au village que j'habitais. Leur lumière diaphane ne démentait en rien leur ardeur sensible en d'autres saisons. La digne stature des arbres endormis, auxquels j'étais venu dire adieu, m'apaisait. Peut-être le temps était-il venu pour moi de plonger dans un sommeil comparable au leur mais voué à ne jamais cesser. Il n'y avait là, somme toute, rien de dramatique en soi. La vie, et non la mort, en avait décidé ainsi. La mort n'était nullement l'ennemie à laquelle il me semblait devoir résister. Ce sentiment devait me conduire à vivre les semaines suivantes animé par une curiosité d'explorateur. Entre jour et nuit. Entre vie et mort. Il me semblait que, commencée avant ma naissance, cette aventure ne se terminerait pas dans les temps qui allaient suivre, quoi qu'il arrive. La vie n'ouvre qu'à elle-même. En ce sens, toute vie est plus qu'une brève parenthèse dans le monde à la fois merveilleux et sombre des hommes, exposé au risque de l'autodestruction.

Arrivé à l'hôpital parisien où devait se décider mon sort et sachant que, sauf miracle chirurgical, je ne reverrai plus les arbres, confidents de mes pensées, le souvenir de ma dernière promenade parmi eux et de mon dialogue silencieux avec la nature me rendait néanmoins confiant. Parvenu à la veille de mon opération, alors que je confiais à ma mère quelques « trésors », j'ai vu, à travers ses traits qui se décomposaient, le visage de la mort se dessiner. Cette vision fut l'occasion d'une crise dans la représentation que je me faisais de ma propre mort. Je pris subitement conscience qu'avant d'être un concept, la mort est inscription dans les corps de ceux qu'elle touche d'une manière ou d'une autre : corps inanimés ou éprouvant à la manière d'un arrachement physique le départ de ceux dont le cœur s'arrête de battre et dont les yeux se ferment à jamais.

« Pourquoi est-ce qu'on ne peut pas revivre ? »

« Mona : Comment pleurais-tu quand papi Ali est mort ? Je ne t'ai jamais vu pleurer.

Adrien : Quand j'ai appris la nouvelle de la mort de papi Ali, mon papa à moi, mon corps s'est mis à trembler. Ce fut terrible. J'ai eu du mal à manger pendant plusieurs jours. La mort de quelqu'un qu'on aime, et d'abord d'un parent, d'un frère ou d'une sœur, surtout quand elle survient brutalement, produit le sentiment d'un arrachement d'une partie de soi. Il est alors difficile de retenir ses larmes.

Mona : Moi aussi, j'ai beaucoup pleuré quand tata Mimi est morte, l'année dernière. Je ne comprenais pas pourquoi elle était immobile. J'ai touché son front quand nous étions à La Chrysalide[1]. Il était froid. Je voulais qu'elle revive ! Oui, c'est vrai…, pourquoi est-ce qu'on ne peut pas revivre ? Là non ! On met beaucoup de temps à grandir et un jour on nous vire de la planète ! C'est tout ce qu'on a mérité ? Dis-moi !

Adrien : C'est ainsi. Schopenhauer, un philosophe que j'aime beaucoup lire, pense que la mort est le moment ultime de notre existence. Après avoir gravi ce sommet, on ne peut plus redescendre, en quelque sorte. »

---

1. Nom d'un établissement de soins palliatifs.

La mort est séparation

Le sentiment d'arrachement physique est sans doute plus sensible encore pour une mère venant de perdre un enfant. Avoir été enceinte, c'est aussi avoir fait enceinte autour du petit être qui, en croissant, devient plus que le prolongement de sa vie : le fleuron de celle-ci. La grossesse est exhaussement de la vie, non simple moyen de sa perpétuation. Son travail joyeux et patient constitue l'exacte antithèse de celui d'une mort fatiguée de son pouvoir, comme le suggère le nom du film de Fritz Lang, *Der müde Tod* (« La mort fatiguée »). Dans ce film, la mort accorde trois chances symbolisées chacune par une « lumière » (d'où la traduction française : *Les Trois Lumières*) à un homme la suppliant de lui laisser le temps d'achever ce qu'il a à faire. La mort lui rappelle qu'elle ne pourra malheureusement échapper indéfiniment à son pouvoir, qui est aussi destin pesant sur elle. Destin de sentinelle rappelant chacun d'entre nous à l'heure due sur l'autre rivage de la vie. Sauf quand les hommes décident d'accomplir ce travail à sa place... La mort devient alors détermination anthropomorphique, faucheuse aveugle de vies.

Mais, partageant une communauté de destin (celle d'être, comme nous, soumise aux lois d'une destinée) avec les êtres vivants, la mort est aussi propriété intime de chacun d'entre nous : elle est d'abord *notre* mort. La mort est toujours déjà une entité singulière, jamais abstraite du cours de notre existence, contrairement à la conception commune qui en fait l'autre radical de la vie. Du moins dans nos sociétés où l'idée d'inviter une fois l'an, à sa table, comme au Mexique, un ou plusieurs membres disparus de sa famille est inconcevable. Or, n'est-ce pas tout autant la séparation que nous créons entre nous et ceux que nous appelons les « morts » que la disparition d'êtres chers qui explique le traumatisme suscité par celle-ci ? N'est-ce pas elle que les enfants éprouvent le plus de difficulté à comprendre ? Ce qu'explique George Sand dans *Histoire de ma vie* en décrivant le sentiment qu'elle a éprouvé après la mort de son père. L'enfant qu'elle était alors ne croyait pas la mort éternelle :

> Je ne pouvais me faire à l'idée d'une séparation absolue. [...] Mon papa est-il encore mort ? [, demandai-je à ma mère].

Ce que les adultes sont prompts à interpréter en termes de déni de réalité n'est peut-être que réminiscence : celle éprouvée par les enfants de leur évolution dans la sphère de non-existence précédant la conception. Non-existence qu'ils semblent moins que nous considérer comme état étranger à notre condition. Tout en apprenant au fil du temps à intérioriser l'idée du caractère irréversible de la mort, l'enfant se fait difficilement à celle de la séparation qui en est la conséquence.

La question qui se pose au fond ici est celle de savoir pourquoi la fin de tout rapport sensible avec ceux que nous avons aimés devrait signifier leur « disparition », en dépit de la dissolution de leur moi.

La mort est vouloir-vivre

Cette mort du moi, lequel oppose l'espace-temps de la vie à son absence dans la mort, est peut-être aussi d'abord sortie d'un système de représentations propice à l'affirmation d'une nouvelle forme du vouloir-vivre. La mort ne serait pas, dans cette perspective, anéantissement de notre être, même si notre conscience s'abîme en elle. Ce qui, selon Schopenhauer, devient concevable en plaçant l'essence de l'homme non pas dans la conscience, mais dans la volonté :

> Dès lors, dit Schopenhauer dans *Le Monde comme volonté et comme représentation* (1819), nous pouvons concevoir cette *indestructibilité du noyau essentiel de nous-même*, de notre être véritable, bien que la mort anéantisse manifestement notre intellect, bien que cet intellect n'ait pas existé avant la naissance. Car l'intellect est aussi transitoire que le cerveau dont il est le produit ou plutôt l'activité. Le cerveau, comme l'organisme tout entier, n'est que le produit, le phénomène secondaire de la volonté qui seule est éternelle.

Schopenhauer ne dénie pas l'impact destructeur de la mort sur les fonctions vitales permettant de définir celle-là comme interruption de celles-ci. Il la conçoit toutefois comme « véritable résultat de la vie, et, en tant que tel, son but » :

> À l'heure de la mort, dit Schopenhauer dans *Le Sens du destin* (1851), toutes les puissances mystérieuses (bien qu'elles soient vraiment enracinées en nous-mêmes),

qui déterminent le destin éternel de l'homme, se rassemblent et entrent en action.

Contrairement à la représentation commune, la mort ne nous relègue pas à la passivité. Elle est au contraire temps d'une intense activité : celle où le mouvement des forces réunies au plus profond de nous impose la lecture du sens de ce mouvement et de notre vie passée à l'aune d'un destin. D'où le caractère grave et solennel de l'instant de la mort qui nous met en relation directe avec le noyau essentiel de notre être en tant que vouloir-vivre. Ce que, selon Schopenhauer, nous pouvons comprendre, si comme certains philosophes ou personnes possédant le don de seconde vue, nous adoptons le point de vue du « fatalisme transcendant », lequel, contrairement au fatalisme commun, n'est pas issu d'une connaissance simplement théorique, mais des expériences du cours propre de la vie :

Parmi elles, chacun remarque certains processus qui, d'une part, en raison de leur grande adaptation particulière à lui, portent visiblement imprimé sur eux le sceau d'une nécessité morale ou interne et qui pourtant, d'autre part, portent aussi celui du hasard extérieur complet. Le retour fréquent de ces expériences conduit progressivement à cette manière de voir, qui devient souvent une conviction, selon laquelle le cours de la vie de l'individu, si confus qu'il puisse paraître, serait un tout concordant en lui-même possédant une direction déterminée et un sens instructif, comme l'épopée la plus pensée. Quand nous examinons minutieusement beaucoup de scènes de notre passé, tout nous y paraît aussi bien concerté que dans un roman bien composé selon un plan.

Schopenhauer remet ici en cause, sur le plan métaphysique, l'idée d'une maîtrise aussi complète que nous nous l'imaginons du cours de nos actions.

La mort est ce qui se donne à voir comme vie

Le propos de Schopenhauer ne peut manquer de paraître scandaleux aux yeux de ceux qui considèrent que nous sommes seuls responsables de la réussite ou de l'échec de nos actions, bref de notre destin. Ces promoteurs de la *winner attitude*, qualité des « battant(e)s » sachant faire preuve de résilience[1] – actuel succédané du courage – en cas de coup du sort, ont fait de la capacité à prendre des risques le critère de la valeur des individus. En cas de refus de jouer ce jeu, ceux-ci se trouvent « débarqués » du navire de l'existence commune, placés en suspens sur un autre plan d'existence, qui, selon Sidi Mohammed Barkat, est celui de la *mort au monde*. Ceux qui acceptent de s'engager dans la course au dépassement incessant de leurs propres limites, comme si l'idéal au travail ou l'infini étaient à leur portée, connaissent un destin qui, pour en paraître plus enviable, n'en est pas moins terrifiant. Condamnés à fuir en avant en se sentant coupables de n'en faire jamais assez, ils se transfor-

---

1. Terme qui désigne la propriété mécanique d'un corps capable de retrouver sa forme initiale après déformation.

ment en pure somme d'énergie. Ce faisant, le mouvement qui les anime cesse d'être un mouvement de vie. Ne pouvant éprouver la vie qu'ils produisent en créant de la valeur, cette même vie, comme le dit Barkat, s'apparente à une « mort sous la figure de la vie ». Cette *mort travestie*, qui ne se donne pas à voir en tant que telle, est fausse vie – dont la fausse mort exhibée dans certaines expositions contemporaines constitue la figure inversée[1].

Ainsi s'explique peut-être la fascination de nos contemporains pour les scènes de meurtres et de carnages, comme dans le film de Ken Loach *It's a Free World*. Angie, jeune dirigeante d'entreprise d'intérim, y regarde fascinée une scène de meurtre à la télévision, tandis que son fils, parti ouvrir la porte où l'on venait de sonner, se fait enlever par les employés spoliés de sa mère. La *mort réelle* est devenue fiction et « distraction » par rapport à l'expérience de la mort travestie dont nous mourons continuellement sans mourir, jusqu'au jour où… Ainsi se comprend sans doute, plus que par la banalisation ou la déréalisation du phénomène, l'apparente indifférence de nos contemporains devant l'annonce des massacres quotidiens perpétrés en divers endroits de la planète.

---

1. Cf. l'exposition « Our body. À cœur ouvert », qui s'est récemment tenue à Paris (Espace Madeleine), avant d'être interdite.

Mourir, c'est cesser de vivre dans le temps

Après avoir souligné le caractère individuel de la mort, Mona évoque l'idée d'une métamorphose du corps des personnes décédées. Elle n'imagine pas un instant que celles-ci ne soient que corps gisants. Comme durant la vie, nous habiterions ou serions un corps aussi léger que celui des oiseaux, à la structure et à l'aspect semblables au leur, mais plus immatériel car évoluant dans un ciel autre que physique. Un cœur plus proche de l'âme soufie ou de la sphère pulsante des penseurs de la Renaissance que de la pompe sensible qui anime notre corps en serait le principe moteur (« on s'envole avec notre cœur »).

Toutefois, à supposer qu'un autre cœur palpite chez celles et ceux qui s'envolent dans le ciel de la mort, les tombes de nos cimetières ne nous en diront rien. Mais leur mutisme ne tient-il pas d'abord à notre croyance en « l'éternel repos » de ceux qui sont supposés y dormir ? En mourant, nous perdons toute voix au chapitre. Celles et ceux qui nous pleurent le font d'abord sur la partie d'eux-mêmes que notre départ leur arrache. Mais qui songe seulement alors à rester en contact avec le noyau essentiel de nous-mêmes, le vouloir-vivre qui fut et reste le nôtre, si l'on raisonne à la manière de Schopenhauer ? Cependant, l'hypothèse selon laquelle ceux que nous appelons « les morts » continueraient de vivre leur vie indépendamment de nous n'est-elle pas narcissiquement dérangeante ? Penser à eux ne serait pas faire comme s'il était possible de combler le vide lié à leur absence, mais se réjouir à l'idée de la continuité possible de l'existence de leur vouloir-vivre en dehors de l'espace et du temps. Situé en dehors des coordonnées de l'espace et du temps, ce lieu de continuité de l'existence du vouloir-vivre ne saurait être un « au-delà », un « arrière-monde », au sens où l'entend Nietzsche, ou encore un temps postérieur à la mort, comme le montre Wittgenstein dans ses *Remarques mêlées* :

> La langue a préparé les mêmes pièges à tous ; un immense réseau de faux chemins où il est aisé de s'engager. [...] Les philosophes qui disent : « Après la mort, il y aura un état dépourvu de temps » ou : « Avec la mort commence un état dépourvu de temps », et qui ne remarquent pas qu'ils ont prononcé « après », « avec » et « commence », au sens temporel, et que la temporalité est déjà dans leur grammaire…

Mais si difficile à concevoir et à exprimer que soit le hors-temps de la mort, faut-il pour autant renoncer à le penser comme lieu d'une existence aussi réelle que la nôtre ?

> Quand la lumière divine commence à nous éclairer, dit Maine de Biran dans son *Journal* (1814-1824), alors on voit dans la vraie lumière ; il n'y a aucune vérité essentielle que l'intuition ne saisisse ; les yeux sont ouverts et l'on voit sans effort ; les mêmes choses qu'on avait entendues cent fois froidement et sans fruit nourrissent l'âme comme d'une manne cachée, etc. Mais tout est là : les produits d'une influence surnaturelle qui s'exerce momentanément, n'est-ce pas le résultat de certaines dispositions d'une sensibilité plus élevée au-dessus de celle qui nous met en rapport avec le monde extérieur ; mais qui n'en tient pas moins à certaines

conditions ou instruments organiques qui n'entrent en jeu que dans le silence des sens externes et qui sont en rapport avec des causes particulières d'excitation, comme dans le magnétisme.

Maine de Biran n'est pas de ceux qui ont connu l'illumination. Il se borne à approcher les états dans lesquels plonge la contemplation mystique en philosophe. Il explique ainsi l'accès à ces états surnaturels par le développement d'une *hypersensibilité* qui demeure toute reliée à la vie organique et à des agents de stimulation de nature physique comparables à ceux à l'œuvre dans le magnétisme. La question de la compréhension possible ou non de la mort comme passage à un plan de sensibilité plus subtil se trouve ici posée, sans que la raison n'ait le moyen d'y répondre. Ce n'est, dit encore Maine de Biran, qu'au moyen du « dépouillement complet de notre subjectivité » qu'il devient possible de s'enrichir « de trésors de grâces et de connaissances d'une espèce toute différente de celles du monde sensible qui s'acquièrent avec tant de labeur et d'effort à l'aide du raisonnement ». Les connaissances dont il est ici question relèvent de ce que Pascal appelle l'ordre du cœur. Un cœur autre que celui qui est à la fois l'auteur de nos jours et cause de notre disparition.

« Maman, je voudrais mourir
en même temps que toi ! »

« Mona : Maman, je ne veux pas que tu meures avant moi. Je voudrais mourir en même temps que toi, mais dans longtemps, quand je serai grand-mère.

Anna : Eh bien, en voilà une idée !

Mona : Quel âge auras-tu, maman, quand j'aurai quatre-vingt-quinze ans ?

Anna : Cent trente ans. Mais ce n'est pas possible !

Mona : J'aimerais que personne ne meure. Et puis, quand on meurt, tout disparaît pour nous.

Anna : Moi aussi, je préférerais que personne ne meure.

Mona : Mais ça ne peut pas exister !

Anna : C'est de la philosophie. Mais pourquoi, selon toi, personne ne peut vivre toujours ?

Mona : Parce que si on n'était jamais mort on vieillirait jusqu'à l'infini. Si on ne mourait pas on deviendrait toujours plus vieux et ça ne peut pas exister. Un jour, on aurait un million d'années et on ne pourrait plus marcher ni bouger de son fauteuil ou de son lit.

Anna : Ce serait vraiment grave !

Mona : Oui. Si on ne mourait pas, ce serait ça !

Anna : C'est moins grave de mourir, alors ?

Mona : Oui !

Anna : Mais tu me disais préférer que personne ne meure.

Mona : Oui, mais ça ne peut pas exister. Sinon on ne vivrait pas. Si personne ne mourait on n'existerait pas.

Anna : Pourquoi ?

Mona : Parce que… ! On va être en retard au cours de danse ! »

La mort de nos parents est la vérité de notre naissance

« De notre existence certes vient notre déchéance
si rien ne sommes c'est bien parce que nous sommes.
Si notre vie n'avait pas été
de quelle nullité nous aurions été épargnés
Que je me plaigne de cette infortune voilà ma folie. »
Attar, *Le Livre des secrets* (env. 1210).

Ce matin-là, à l'heure du premier repas de la journée, qui permet de faire la transition entre la nuit et ses présages, Mona s'insurge contre la loi de la nature en vertu de laquelle les parents précèdent leurs enfants dans la mort. Comme le poète, elle souhaiterait voir le temps suspendre son vol et laisser à sa maman la possibilité de l'accompagner dans chacune des étapes de sa vie. Mona souhaiterait voir devenir contingent ce qui relève pourtant de l'inflexible nécessité dont procèdent l'ordre de la succession des âges de la vie et la logique d'enchaînement des générations. Enchaînement qui est aussi clivage rendant impossible la coexistence durable de personnes nées à des époques différentes, comme les enfants et leurs parents. Un jour sonne l'heure de la séparation. Mais alors, souvent, loin de nous sentir par nécessité plus solidement ancrés dans l'âge adulte, nous éprouvons le sentiment de redevenir enfants. Le socle de nos repères existentiels vacillant, nous chancelons en nous sentant aussi démunis qu'un enfant venant de naître. Une nouvelle étape de notre vie commence alors : celle du devenir-enfant de l'âge adulte, non au sens de retombée en enfance, mais de dépassement de l'âge adulte dans son enfance, comprise en tant que fenêtre ouverte de notre vie sur d'autres horizons d'existence.

La mort de nos parents nous met au contact de la vérité de notre naissance, porte de notre enfance, à savoir l'inscription en elle de notre mortalité. La mort de nos parents est ce qui révèle au plus haut point le caractère chimérique de notre désir d'immortalité. Celle-ci, dit en substance Mona, nous conduirait à vieillir jusqu'à l'infini (« si on ne mourait pas on deviendrait toujours plus vieux »). La mort vient donc interrompre le processus du vieillissement avec ses effets les plus invalidants : « Un jour, dit Mona, on aurait un million d'années et on ne pourrait plus ni marcher ni bouger de son fauteuil et de son lit ! » Relativement à cette situation fictive, la mort apparaît, selon Mona, moins à craindre que l'immobilité. Les vestiges de vie qui animeraient un individu vivant un million d'années – et même « seulement » mille ans – seraient ainsi pires que la mort elle-même. Aussi, bien que révoltée à l'idée de la mort certaine de ceux qu'elle aime, Mona admet qu'il ne peut en aller autrement suivant l'ordre naturel des choses. Elle conçoit de même le lien entre le fait de mourir et d'exister.

Pourtant, pris dans ce sens – et non dans celui allant de la vie à la mort –, ce lien ne va pas de soi. Il ne s'agit en effet nullement de soutenir que les uns naissent parce que les autres meurent. La mort des premiers n'est en effet nullement requise pour que naissent les seconds. À supposer que nous soyons immortels, bien que soumis aux lois d'une usure infinie des corps, la venue au monde de nouveaux êtres n'aurait peut-être pas lieu. À moins que, à la manière des dieux grecs et romains, les êtres si peu humains que nous serions continuent à procréer. Toutefois, la question demeure indécise. Et telle est peut-être l'une des raisons pour lesquelles Mona suspend subitement la conversation, alléguant sa crainte d'être en retard à son cours de danse, laquelle constitue un art du mouvement où la finitude de nos existences paraît pouvoir être transcendée sur le plan physique lui-même.

« Alors, quand on est mort, on est mort ? »

« Mona : Est-ce que les anges meurent dans le ciel ?

Adrien : Je ne le crois pas.

Mona : Pourquoi ?

Adrien : Les anges ne meurent pas. Ils vivent déjà dans le ciel, nous sur la terre. Ce n'est pas pareil.

Mona : Ce serait trop triste si les anges mouraient.

Adrien : Je suis bien d'accord.

Mona : Mais dis-moi, est-ce que nous rencontrerons nos anges quand nous serons morts ?

Adrien : Peut-être.

Mona : Crois-tu que l'on puisse manger avec eux ?

Adrien : Je n'en suis pas sûr du tout.

Mona : Penses-tu qu'il existe des magasins dans le ciel ?

Adrien : Non !

Mona : Alors, quand on est mort, on est mort ?

Adrien : Oui, nous n'avons plus besoin d'aller faire les courses, de manger et de dormir.

Mona : Mais tu me disais un jour que la mort était un sommeil sans fin, plus long encore que celui de la Belle au bois dormant.

Adrien : C'était une image. On ne peut quitter la mort comme le sommeil.

Mona : Cela veut dire qu'on ne peut pas revivre ?

Adrien : Qu'on ne peut plus rouvrir les yeux une fois mort.

Mona : Comme tata Mimi ?

Adrien : Oui.

Mona : C'est vraiment triste !

Adrien : C'est souvent difficile à comprendre et à accepter. Mais la vie du corps s'arrête un jour.

Mona : Peut-être qu'elle s'arrête sur la terre pour continuer dans le ciel ?

Adrien : C'est ce que croient certains philosophes. Platon, qui vivait il y a bien longtemps, comparait la terre à une caverne obscure où les ombres s'agitent, dans laquelle nous nous trouvons enfermés notre vie durant. Dehors, dans le ciel, si tu préfères, brille la lumière.

Mona : Faut-il attendre d'être mort pour voir la lumière ?

Adrien : Non, si l'on en croit Platon.

Mona : Comment ?

Adrien : En poursuivant la sagesse.

Mona : En allant dormir ?

Adrien : Ce soir oui, car il est tard.

Mona : Pourquoi ne fais-tu pas la même chose ?

Adrien : Parce que je ne suis pas aussi sage que toi.

Mona : Ça, c'est vrai ! Tu ne t'arrêtes jamais de lire et d'écrire assis à ton bureau. Tous les papas philosophiques font-ils cela ?

Adrien : Je l'ignore... Oui... Il y a un hic quelque part... »

La mort est un déménagement

La question de la vie des anges abordée dans ce dialogue est à la fois d'inspiration métaphysique et religieuse. L'affirmation selon laquelle les anges ne meurent pas, contenue dans les textes sacrés, ne signifie pas que ceux-ci soient immortels, mais qu'ils vivent dans l'éternité.

> L'ange, dit Maître Eckhart dans ses *Traités et sermons* (1294-1313), est tellement élevé que les meilleurs maîtres disent que chaque ange a une nature à lui. Tout comme s'il existait un homme qui possède tout ce que les hommes ont jamais possédé, possèdent maintenant et posséderont jamais en fait de puissance, de sagesse et de toute chose.

La mort des anges, miroirs qui reflètent et retransmettent la perfection divine au cœur du monde matériel, selon les enseignements de la théologie et de la philosophie médiévales, paraît d'autant plus inconcevable à Mona qui souhaite les rencontrer et partager ses repas avec eux une fois arrivée à son tour dans le ciel où elle espère trouver des magasins d'alimentation. Peut-être pour préparer des tartes aux pommes aux anges. De ma réponse négative apportée à sa question concernant l'existence de commerces dans le ciel, Mona conclut qu'être mort, c'est l'être pour de bon (« alors quand on est mort on est mort »). Elle comprend que cet état rend inutile la satisfaction de tout besoin et, corrélativement, de tout désir. Ce qui ne l'empêche pas de se demander si la mort, comme je le lui avais moi-même suggéré, en la comparant à un grand sommeil, n'a pas une fin, si aucun réveil n'en est possible. Ce à quoi je lui réponds que la mort ne peut être quittée à la manière du sommeil, auquel elle ressemble parfois au point de s'y méprendre, comme le suggère Tolstoï, contemplant, enfant, le visage de sa mère qui vient de mourir :

> Plongé dans ma contemplation, dit Tolstoï dans *Enfance* (1852), je sentais qu'une force invincible, incompréhensible attirait mon regard vers ce visage privé de vie. Je ne le quittais pas des yeux et, pendant ce temps, mon imagination me peignait des tableaux resplendissants de vie et de bonheur. J'oubliais que le corps inerte qui gisait devant moi, que je contemplais stupidement comme un objet et qui n'avait rien de commun avec mes souvenirs, était ELLE. Je me la représentais tantôt dans telle attitude, tantôt dans telle autre : animée, joyeuse, souriante ; puis soudain un des traits du visage blême sur lequel j'avais les yeux fixés me frappait : je me rappelais l'affreuse réalité, frissonnais, mais continuais à le regarder. Puis le rêve remplaçait à nouveau la réalité, et la conscience de la réalité détruisait à nouveau le rêve. Enfin, mon imagination fatiguée cessa de me leurrer ; la conscience de la réalité disparut elle aussi et je sombrai dans une torpeur complète.

Sauf à avoir été trop hâtivement déclaré mort, notre décès signifie l'impossibilité d'un retour à la conscience. En interrompant le fil de notre vie, la mort abolit le sentiment du moi patiemment forgé à travers les résistances offertes par le monde à notre effort. Mais comment s'imaginer que nos yeux ne verront plus le monde et que nos oreilles cesseront d'en entendre les bruits ? Comment se faire à l'idée que le monde continuera de « tourner » sans nous, indifférent à notre anéantissement ? À l'exception de nos proches et de ceux qui nous ont connus, nul ne saura que nous avons un jour existé.

Notre finitude ressemble à un mur ou à une falaise qui barre un jour notre horizon. Difficile à accepter et à concevoir pour nous, cette limitation de notre existence est parfois cause de traumatisme. De même, sentir les potentialités de vie, de pensée et d'action d'un être aimé figées, la froideur de son corps, nous sidère. Nous nous trouvons confrontés à notre impuissance à faire remonter dans le train de la vie celui ou celle qui vient de le quitter.

À cette idée d'interruption de la vie, Mona oppose celle de sa continuité « dans le ciel » car devenue impossible sur la terre. La mort ne serait alors qu'une forme de déménagement, de changement de lieu de vie ; le simple passage d'une frontière. Mourir serait partir habiter un autre pays.

La mort est un pont entre deux rives de la vie

Et si la mort était condition de l'entretien d'un éveil et d'une présence à la vie, comme le sommeil l'est pour l'entretien de notre vigilance ?

Le sommeil, dit Maurice Blanchot dans *L'Espace littéraire* (1955), transforme la nuit en possibilité. La vigilance est sommeil quand vient la nuit. Qui ne dort pas ne peut rester éveillé. La vigilance consiste dans le fait de ne pas veiller toujours, car elle cherche l'*éveil* comme son essence.

Le rapprochement ici opéré entre la fonction du sommeil et celle, ici seulement supposée, de la mort ne peut manquer de paraître extravagant. Comment, en effet, la mort peut-elle être la condition d'un éveil et d'une présence à une vie dont elle signifie l'anéantissement même ? Absurde du point de vue de la raison, cette hypothèse cesse de l'être si l'on se situe sur le plan de l'éternité du vouloir-vivre, au sens où la définit Schopenhauer. Marque de notre finitude, la mort serait, à la manière du sommeil, qui est passage d'un éveil à un autre, pont entre deux rives de la vie.

Mourir, c'est changer de régime de vie

Mourir signifierait, en ce sens, rejoindre une dimension de la vie compatible avec la nature corporelle de l'esprit et de l'âme, comme le montrent Lucrèce dans *De la nature* ou, plus près de nous, Diderot, dans sa *Lettre à Sophie Volland* du 15 octobre 1759 :

> Le sentiment et la vie sont éternels. Ce qui vit a toujours vécu, et vivra sans fin. La seule différence que je connaisse entre la mort et la vie, c'est qu'à présent vous vivez en masse, et que dissous, épars en molécules, dans vingt ans d'ici vous vivrez en détail.

La mort ne serait ainsi que passage d'un mode de vie à l'autre (« en masse » ou « en détail »). Elle ne frappe, en effet, selon Buffon, « que la surface » ; elle « ne détruit que la forme » et « ne peut rien sur la matière ». Aussi ne fait-elle « aucun tort à la nature qui n'en brille que davantage », qui « la laisse moissonner les individus avec le temps pour se montrer elle-même [la nature] indépendante de la mort et du temps, pour exercer à chaque instant sa puissance toujours active, manifester sa plénitude par sa fécondité, et faire de l'univers, en reproduisant, en renouvelant les êtres, un théâtre toujours rempli, un spectacle toujours nouveau ».

Dialogues sur la nature, l'animal et l'humain

« Chacun porte en soi, jusqu'à sa fin, les restes de sa naissance, les dépouilles, les membranes d'un monde primitif. Beaucoup ne deviennent jamais des hommes, mais demeurent grenouilles, lézards ou fourmis. Tel n'est humain que dans sa partie supérieure et poisson en bas. Mais chacun de nous est un essai de la nature. »
Hermann Hesse, *Demian* (1919).

Les dialogues qui suivent évoquent un ensemble de sensations, d'impressions et de pensées concernant tantôt la vie de la nature, tantôt celle des animaux et des êtres humains. Ils suggèrent par ailleurs l'idée d'une indissociabilité de ces trois vies en nous et d'une solidarité avec la vie des choses, elle aussi créatrice de mondes.

« Une pierre, c'est dur, parfois c'est gris, parfois c'est blanc et parfois c'est orange… »

« Adrien : Qu'est-ce que la nature ?
Mona : C'est les feuilles que je vois accrochées aux arbres ou tombées par terre. C'est l'herbe. Ce qu'on appelle la verdure.

Adrien : Et les pierres ?

Mona : Une pierre, c'est dur, parfois, c'est gris, parfois c'est blanc et parfois c'est orange. Mais le plus souvent c'est gris. Les pierres qu'on trouve dans l'eau ont une couleur différente.

Adrien : Aimes-tu te promener en forêt ?

Mona : Beaucoup !

Adrien : Veux-tu que je te lise l'histoire de notre dernière promenade en forêt, que je viens d'écrire ?

Mona : Oh oui !

Adrien : Bois de Verrières. – Traversée d'une forêt de grands chênes, de marronniers et de hêtres, avec des bosquets de charmes et de bouleaux éparpillés et quelques alisiers. – "Route de la Princesse". Le chant des oiseaux anime la forêt. Des essaims de moucherons dansent allègrement. Au loin, l'écho d'autres insectes bourdonnants. Contrastes de lumière, de valeurs et de texture des feuillages. En bordure de chemin, mousses, herbes, pissenlits, oseille sauvage, prêle. Plus loin, les fougères. Souches d'arbres déracinées par la tempête. – "Route forestière de Noailles". Sentier pédestre et équestre. Nef d'arbres en perspective. Sur le bas-côté, chardons, orties, populages des marais, fraises des bois, herbe en touffes isolées. Une prairie en lisière de forêt. Tendresse en tapis déroulé. L'air de la forêt. Quel parfum ? Quelles notes ? Un chêne au tronc jumeau, l'autre tout en sinuosités. Deux femmes et un enfant dans son landau. Trois générations. Mona veut avancer plus vite. – "Carrefour des Bœufs". Étang. Baignade interdite. Canards colverts. – Route d'Igny – "Carrefour des Oiseaux" – "Route des Gâtines". Chiens sans laisses. Retour à la "Route forestière de la Princesse". Un pigeon égaré au sol.

Mona : Tu as une drôle de manière d'écrire les histoires.

Adrien : J'essaie de prêter attention à ce que nous ne voyons pas, de le rendre saillant en dépouillant le plus possible le texte de ses adjectifs.

Mona : Je ne comprends vraiment plus rien à ce que tu me racontes et tu me donnes sommeil... »

La nature est l'inspiratrice de nos pensées

Loin de faire diversion au travail de la pensée, la promenade est, au contraire, occasion d'une intensité accrue de l'activité de celle-ci : « Accoutumée au travail, ma tête ne demeurait pas oisive durant mes longues promenades », dit ainsi Rousseau dans *Les Confessions* (1782 et 1789). Promenades au cours desquelles Rousseau dit « digérer le plan déjà formé de ses œuvres à venir ». La forêt de Montmorency est devenue son cabinet de travail : « Je ne puis méditer qu'en marchant ; sitôt que je m'arrête je ne pense plus, et ma tête ne va qu'avec mes pieds. »

Mais se promener, c'est aussi écouter le silence... Celui de la nature, des animaux, des hommes et des choses.

« Chut ! Chut ! Regarde ! C'est ça, le silence ! »

« Adrien : Qu'est-ce que le silence ?
Mona : C'est quand il n'y a pas de bruit ! Chut ! Chut ! Regarde ! C'est ça, le silence !
Adrien : Aimes-tu le silence ?

Mona : Oui, pas comme à la cantine de l'école.

Adrien : Le silence est d'or pour toi ?

Mona : J'aime beaucoup le silence, mais ce n'est pas de l'or.

Adrien : Pourquoi aimes-tu à ce point le silence ?

Mona : Parce que j'entends toujours quelque chose en lui.

Adrien : La musique du silence ?

Mona : Je ne sais pas. »

Le silence est musique

À une époque où, comme l'observe David Le Breton dans *Du silence* (1997), « le seul silence que l'utopie de la communication connaisse est celui de la panne, de la défaillance de la machine, de l'arrêt de la transmission », parler de « musique du silence » paraît plus étrange encore que paradoxal. Nous savons pourtant que la parole ne dirait rien sans le fond de silence qui l'entoure. Fond de silence qui est aussi accord – au sens musical du terme – avec les forces élémentaires de la vie, sans lequel nulle compréhension de sa dimension à la fois tragique et joyeuse ne serait possible. Dimension dont sait aussi rendre compte la peinture.

« La couleur est magique ! »

« Mona : Peindre c'est mettre des couleurs.

Adrien : Mais encore ?

Mona : C'est un plaisir. C'est tout ! Je ne sais pas expliquer. Peindre, c'est ça !

Adrien : Ce plaisir tient-il, selon toi, au fait que, comme l'a dit un jour un philosophe[1], la couleur est ce qui donne la vie aux êtres, le souffle divin qui les anime ?

Mona : Mais alors, la couleur est magique ?

Adrien : Le concept de magie des couleurs n'est pas étranger à la philosophie. »

Peindre, c'est révéler la richesse du réel

Dans *Esthétique* (1817), Hegel entend par « magie de la couleur » plus que son pouvoir de restituer l'ensemble des rapports spatiaux existants (la figure, la distance, le contour, etc.) et des nuances des objets qui se manifestent dans l'espace. Cette « magie » consiste en un principe de nature spirituelle, détaché et affranchi du concret, qui transforme le réel en un jeu d'apparences :

> Cette magie de l'apparence des couleurs intervient principalement là où la substantialité et la spiritualité des objets se sont rendues subtiles pour faire entrer la spiritualité dans la conception et l'utilisation de la coloration. Nous pouvons dire, d'une façon générale, que la magie consiste à traiter toutes les couleurs de façon à produire par là un jeu de l'apparence pour lui-même sans objet, qui constitue la pointe la plus extrême et évanescente du coloris, une interpénétration de colorations, une illumination produite par des reflets qui brillent dans d'autres éclats.

---

1. Diderot, *Essais sur la peinture*, Salons 1759, 1761, 1763.

Avec ses jeux d'interpénétration et de reflets, la couleur exprime, selon Hegel, une « subjectivité interne contenant dans son ciel et sa terre la vitalité de la sensation, de la représentation et de l'action données dans la multiplicité des situations et des modes de manifestations extérieurs dans la matérialité ». La couleur permet ainsi d'exprimer les différences physiques ou spirituelles les plus absolues qui existent entre les êtres et de condenser sur une surface réduite toute la richesse du réel. Sa magie tient en son pouvoir d'exprimer les réalités métaphysiques les plus insondables, de révéler les abîmes qui séparent les êtres humains ou, à l'inverse, la secrète affinité rapprochant l'homme de l'animal.

« Mais Noiraud n'était pas ta maman ! »

« Mona : Arsenic, le chat de nos voisins, est mort ! Je l'aimais bien ! Il me caressait avec son front sur la main. Et il me léchait des fois. Juste des fois ! Il était roux comme les feuilles des arbres en automne, mais pas autant que celles de l'érable amoureux du parc.

Adrien : Comment était Arsenic ?

Mona : Il était comme un roi.

Adrien : Le roi de la résidence ?

Mona : Oui.

Adrien : Je dirais même plus ! L'empereur de la résidence. Arsenic était partout chez lui.

Mona : Il aimait bien notre fauteuil.

Adrien : C'est vrai. Il venait souvent gratter à notre porte. Il aimait faire de longues siestes dans le fauteuil du salon.

Mona : Il aimait bien aussi venir s'asseoir sur ton bureau pour regarder les oiseaux voler.

Adrien : C'est vrai, mais il me donnait aussi des coups de patte quand il voyait bouger ma main tenant le stylo. Je le traitais alors de stupide animal.

Mona : Tu aimais bien le traiter de "stupide" ?

Adrien : Oui, d'autant plus que je ne le pensais pas. Les chats n'ont rien de stupide.

Mona : En tout cas, ils le sont moins que les papas qui ne regardent pas la télévision.

Adrien : C'est comme si un chat n'aimait pas regarder à travers la fenêtre ?

Mona : Non !

Adrien : Mais ce que l'on voit en regardant à travers la fenêtre n'est-il pas souvent plus beau que ce que montre la télévision ?

Mona : C'est plus monotone.

Adrien : Je me souviens avoir eu un chat que le mouvement des images qui défilent sur l'écran de télévision rendait fou. Il ne savait plus où il en était. Un jour, alors qu'il se préparait à se précipiter sur l'écran pour attraper ce qu'il voyait bouger, il fit subitement machine arrière et s'enfuit d'un air épouvanté.

Mona : Pourquoi ?

Adrien : Peut-être a-t-il vu une chose que je ne voyais pas.

Mona : Comment s'appelait-il ?

Adrien : Noiraud. Il était noir avec de jolis poils blancs le long du museau, sous le menton et derrière les pattes. Je ne me lassais pas de le regarder.

Mona : Que faisait-il ?

Adrien : Il aimait monter sur la table de la chambre de ma grand-mère où je passais beaucoup de temps. Il était très attachant. Il aimait me faire des câlins. Il était très attaché à moi. Il était très intelligent et savait parfaitement se faire comprendre. Il était aussi très indépendant et aimait sortir. Mais il aimait aussi venir me retrouver dans mon lit le matin, sans que je l'appelle. Il était aux anges et montrait sa satisfaction en ronronnant très fort. Il n'était pas comme cela avec tout le monde. Il n'aimait pas certaines personnes. Sa devise semblait être : "Quand je veux, où je veux !"

Mona : Il était têtu ?

Adrien : Non. Il savait juste ce qu'il voulait.

Mona : Faisait-il des bêtises ?

Adrien : Non.

Mona : Et toi ? Aimais-tu le taquiner, comme tu le fais avec moi en me disant que je sens le chat ?

Adrien : Cela m'arrivait.

Mona : Que faisait Noiraud ?

Adrien : Je me souviens avoir reçu un seul coup de griffe de lui après lui avoir tiré la queue.

Mona : Lui as-tu fait mal ?

Adrien : Non, cela lui semblait plus désagréable que douloureux. Mais j'avais surtout l'impression qu'il était triste pour moi, que cela le désolait de me voir oublier notre belle relation. Nous étions comme deux amoureux. Et Noiraud me sentait régresser, agir puérilement.

Mona : C'est-à-dire ?

Adrien : Agir comme un grand enfant (j'avais sept ans) qui joue au petit.

Mona : Que fit Noiraud ?

Adrien : À son grand regret, me semble-t-il, il me donna un coup de patte sur la main, de l'air le plus consterné. J'ai ressenti alors la même impression que l'autre jour quand mamie m'a demandé de m'arrêter de te chatouiller pour que nous puissions nous entendre…

Mona : Mais Noiraud n'était pas ta maman !

Adrien : Non, mais à ce moment j'avais l'impression qu'il agissait comme elle aurait agi, en me grondant mais à sa manière, avec plus d'amour que d'irritation.

Mona : Ça veut dire que Noiraud ne t'a pas fait bien mal.

Adrien : Non. À peine une égratignure. Mais sa peine et ma bêtise me faisaient honte.

Mona : Mamie laissait-elle Noiraud venir dormir dans ton lit ?

Adrien : Non, elle lui faisait comprendre que ce n'était pas sa place. Mais nous trouvions toujours le moyen de discuter…

Mona : Noiraud n'était pas si sage que cela, alors ?

Adrien : Moi non plus, comme tu le sais. Nous sommes tous un peu comme cela : sage et pas sage à la fois. Mais quand l'amour ou l'affection existent, ce n'est pas grave.

Mona : Heureusement que nous nous aimons !

Adrien : Dans ce cas, nous avons aussi moins besoin des mots pour nous comprendre.

Mona : C'est pour ça que tu pouvais comprendre Noiraud bien que tu ne connaisses pas le langage des chats.

Adrien : Sans doute.

Mona : Mais comment faisais-tu exactement pour comprendre ce que te disait Noiraud ?

Adrien : Je n'avais aucun effort à faire. Nos pensées – car les animaux en ont sûrement – communiquaient toutes seules.

Mona : Noiraud était-il aussi vieux qu'Arsenic (quatorze ans) quand il est mort ?

Adrien : Non. Il avait juste cinq ans.

Mona : Mais alors pourquoi est-il mort ?

Adrien : Noiraud s'est fait écraser.

Mona : Oh !

Adrien : C'était devant chez nous, en plein milieu du village traversé par la route nationale. J'en ai beaucoup voulu à l'automobiliste qui avait fait ça.

Mona : C'est pour ça que tu ne conduis pas, de peur d'écraser un animal ?

Adrien : Peut-être… À la vérité, je ne m'étais jamais fait cette réflexion. Par la suite, d'autres chats de la maison sont morts ainsi.

Mona : Oh ! Oh !

Adrien : C'est ainsi !

Mona : Noiraud est-il mort tout de suite ?

Adrien : Non !

Mona : Tu as pu encore lui parler ?

Adrien : Oui ! C'était un vendredi, en revenant de l'école. Maman m'a dit que notre chat était bien mal en point, sans oser me dire qu'une voiture l'avait violemment heurté et qu'il ne pouvait plus marcher.

Mona : Et pourtant il te regardait ?

Adrien : Oui, avec intensité. Il savait que personne, pas même moi qui l'aimais tant, ne pourrait rien pour lui. Il avait la colonne vertébrale brisée et je savais qu'il souffrait beaucoup. J'avais le cœur déchiré.

Mona : Avez-vous appelé le vétérinaire ?

Adrien : Non. Quand j'avais ton âge les animaux domestiques n'étaient pas suivis comme aujourd'hui par les vétérinaires.

Mona : Qu'as-tu fait ?

Adrien : J'ai fermé les yeux en espérant n'avoir fait qu'un mauvais rêve.

Mona : Et ce n'était pas vrai.

Adrien : Hélas non ! Le lendemain, tonton Albert, que tu connais bien, m'a dit qu'il ne fallait pas laisser Noiraud souffrir comme ça. Il m'a promis de ne pas lui faire mal.

Mona : Oh !

Adrien : Plus tard, dans l'après-midi, nous avons enterré Noiraud au pied d'un arbre, au fond du jardin, non loin de la rivière.

Mona : C'est vraiment trop triste !

Adrien : Aujourd'hui encore, je pense souvent à mon chat qui me cherchait partout lorsque je m'absentais de la maison. Je n'oublierai jamais les câlins qu'il m'a faits lorsque je suis rentré d'un de mes séjours à l'hôpital. Il ne me quittait plus ! J'avais six ans, comme toi. »

Être bête, c'est comprendre

Amadeus Hoffmann, dans *Le Chat Murr* (1822), donne la parole à son chat et lui donne le pouvoir de griffonner son autobiographie. Murr devient ainsi le héros éponyme du roman et l'auteur des pensées qui s'y trouvent exprimées :

Ô Nature ! Nature auguste et sacrée ! Toutes tes ivresses, tous tes enchantements inondent délicieuse-

155

ment mon cœur vibrant ! Et comme le bruissement mystérieux de ton souffle environne mon âme ! La nuit est un peu fraîche et je voudrais… Mais à quoi bon ? Aucun de ceux qui me liront – ou ne me liront pas – ne saurait comprendre mon sublime enthousiasme, car personne ne comprend le noble point de vue auquel je me suis élevé… hissé, serait-il plus exact de dire, mais jamais un poète ne parle de ses pieds, en eût-il quatre, comme moi ; il parle seulement de ses ailes […].

Est-il donc tellement extraordinaire de déambuler sur deux pieds, et cela confère-t-il à l'espèce qui se nomme humaine le droit de s'arroger la suprématie sur nous autres, qui tous allons cheminant en bien meilleur équilibre sur nos quatre pattes ? Mais, je sais, ils ne sont pas peu fiers de quelque chose qui siège, paraît-il, dans leur tête, et qu'ils appellent raison. J'arrive difficilement à me représenter ce qu'ils entendent par là, mais il est une chose dont je suis certain : c'est de ne jamais échanger mon sort contre celui d'aucun homme si, comme je puis le déduire de certains discours de mon maître et protecteur, la raison n'est rien de plus que la faculté d'agir consciemment et de ne pas commettre de sottises. Je crois d'ailleurs que la conscience n'est qu'une habitude […].

Réduire ici la conscience et la raison à une habitude n'équivaut-il pas à les considérer ni plus ni moins que comme « ronronnement » ? Mais Murr ne fait-il pas ici preuve d'une compréhension plus perspicace des hommes que ces derniers n'en font preuve à l'égard des animaux ? Ceux-ci ne savent-ils pas davantage ce que valent nos raisonnements que nous ne sommes capables de comprendre les leurs ? « Les animaux nous comprennent de manière parfois incompréhensible pour nous », disent ainsi Vinciane Despret et Jocelyne Porcher dans *Être bête. Sur le langage des animaux* (2007). En effet, ajoutent les mêmes auteurs : « Le fait qu'un animal puisse être intéressé à ce que nous cherchons, pour quelque raison que ce soit, et donc répondre à nos attentes avec le maximum de bienveillance et tous les talents qui sont à sa disposition est dès lors ce qui ne peut être ni questionné ni pris en compte par les psychologues. »

« Rêver, c'est voir ce qui n'existe pas. »

« Mona : Je rêve souvent du feu. J'ai rêvé qu'il y avait le feu des deux côtés de notre immeuble. Nous étions obligés de nous enfuir. Le feu nous coupait le passage. Après, on arrivait je ne sais pas où !

Adrien : Mais tu n'as heureusement jamais vu cela dans la réalité.

Mona : Non.

Adrien : Alors, rêver, c'est voir ce qui n'existe pas ?

Mona : On se réveille souvent quand on fait un cauchemar ou quand on va faire quelque chose de beau.

Adrien : Quoi, par exemple ?

Mona : S'envoler comme un oiseau.

Adrien : Quels sont tes cauchemars ?

Mona : Être poursuivie par le feu ou voir un hibou mort.

Adrien : À quoi sert-il, selon toi, de rêver ?

Mona : Sinon, on s'ennuierait !

Adrien : Tu crois ?

Mona : Mais on peut aussi avoir très peur, quand on fait des cauchemars. »

Rêver, c'est remanier son histoire

Le rêve de l'encerclement de notre domicile par les flammes, que raconte Mona, semble exercer sur elle une certaine fascination, bien que sans l'amour ni le respect inspirés par le feu dans les situations analysées par *La Psychanalyse du feu* (1949) de Gaston Bachelard. Le feu reste pour Mona sujet d'effroi et objet de cauchemar, au même titre que ce dont la mort est nonsens absolu : le hibou, symbole de la vigilance nocturne. Au cauchemar et à l'absurdité Mona oppose la beauté et la légèreté d'un envol d'oiseau.

Rêver, c'est structurer sa pensée

Cette dimension poétique de l'activité onirique, qu'exprime ici le propos de Mona, est l'indice du rôle d'enrichissement de l'économie psychique et de la pensée joué par le rêve, que Nietzsche décrit en ces termes dans *Par-delà Bien et Mal* (1886) :

> Ce que nous vivons en rêve, dit-il, à condition que le rêve se répète souvent, finit par faire partie de l'économie de notre âme, au même titre que les choses « réellement » vécues. Le rêve nous enrichit ou nous appauvrit, nous ajoute ou nous retranche un besoin, et finalement, même au grand jour, même aux instants de magnifique et suprême lucidité où notre esprit est le mieux éveillé, nous nous sentons un peu tenus en lisière par les habitudes de nos rêves.

Facteur d'enrichissement, mais aussi d'appauvrissement de l'individualité, le rêve modifie l'économie de nos besoins, et les modes de fonctionnement psychique qu'il induit exercent leur influence sur la vie de l'esprit. Et peut-être aussi sur certains us et coutumes, dont l'admiration des puissants…

« Tout le monde a du sang rouge ! »

« Adrien : Crois-tu que les princes puissent avoir le sang bleu ?
Mona : Non ! Tout le monde a du sang rouge ! Les nobles ont du sang rouge comme tout le monde ! »

Servir, c'est admirer

> *« Les cœurs sont les mêmes. L'humanité n'est pas autre chose qu'un cœur. Entre ceux qui oppriment et ceux qui sont opprimés, il n'y a de différence que l'endroit où ils sont situés. »*
> Victor Hugo, *L'Homme qui rit* (1874).

Et pourtant, aurait pu rétorquer Adam Smith à Mona, la « sympathie » et l'admiration communément éprouvées à l'égard des puissants sont telles qu'une résolution sans faille est nécessaire pour résister aux fictions magnifiant leur personne et leur pouvoir – et à celui-ci, lorsque les circonstances l'exigent :

> « Quand, dit Smith dans sa *Théorie des sentiments moraux* (1759), nous considérons la condition des grands sous les couleurs trompeuses au moyen desquelles l'imagination est susceptible de la dépeindre, elle semble presque correspondre à l'idée

abstraite d'un état parfait et heureux. [...] Sur cette disposition du genre humain à accompagner toutes les passions des riches et des puissants sont fondés la distinction des rangs et l'ordre de la société. Notre obséquiosité à l'égard de ceux qui nous sont supérieurs naît plus fréquemment de notre admiration pour les avantages de leur situation que d'une secrète espérance d'un bienfait provenant de leur bon vouloir. [...] Même quand l'ordre de la société semble exiger que nous leur résistions, nous pouvons difficilement nous y résoudre. Que les rois soient serviteurs du peuple, qu'on puisse leur obéir, leur résister, les déposer ou les punir, comme peut l'exiger le bien public, est la doctrine de la raison et de la philosophie, et non pas celle de la Nature.

Sans que les rois dont il est ici question puissent être qualifiés de tyrans et les peuples qui leur obéissent de serviteurs volontaires, comme chez La Boétie, ces mêmes peuples ne savent nullement traiter leur souverain « à tous points de vue comme des hommes, raisonner et disputer avec eux dans des occasions ordinaires ». Au même titre que la servitude volontaire, la sympathie et l'admiration éprouvées à l'égard des puissants n'agissent-elles pas à la manière d'une maladie paralysant et gangrenant le corps social ?

« Le virus nous fait une blague. »

« Adrien : Tu as l'air fatiguée ce matin ?
Mona : J'ai mal à la gorge depuis que nous sommes revenus de Normandie. J'ai pris froid en Normandie et le virus a attendu Massy pour se déclarer. J'ai eu de

plus en plus mal à la gorge. Dimanche, j'avais tellement mal à la gorge que j'ai eu envie de vomir. Le virus nous a fait une blague. Il nous a fait croire qu'il n'était pas celui d'une angine. En fait si, celui d'une grosse angine ! Hier soir, je n'ai rien mangé. J'ai juste goûté les coquillettes. Tu te rappelles ? Je n'ai rien mangé ! »

Être malade, c'est se défendre

Ce que dit ici Mona au sujet du mal de gorge qu'elle éprouve correspond philosophiquement à l'idée développée par Hegel, selon laquelle la maladie serait fixation dans une activité défensive du secteur de la vie organique qu'elle affecte :

> La maladie a lieu, dit Hegel dans la *Philosophie de la nature* (1817), quand un des systèmes [impliqué dans l'organisation animale totale], stimulé ou irrité dans sa lutte avec la nature inorganique, s'isole et se fixe dans son activité particulière, au lieu d'être un moment de l'activité du tout.

La maladie serait ainsi exacerbation de la séparation plus ou moins affirmée de l'universel (l'organisme comme totalité) et du particulier (les différents secteurs de la vie organique). Aussi, la « raison » de la maladie n'est-elle pas uniquement son agent pathogène extérieur. Ce que l'angoisse attachée à la sensation de resserrement liée au mal de gorge nous permet de ressentir de manière aiguë, parfois au point d'en consigner au jour le jour l'impression, à la manière de Montaigne au sujet des maux qu'il éprouvait.

« *J'ai six ans. Maman s'appelle Anna, et papa, Adrien.* »

« Mona : J'ai six ans. Maman s'appelle Anna, et papa, Adrien. Ma marraine s'appelle Jocelyne, ma tante, Catherine, ma cousine, Alice, et ainsi de suite. Quand j'étais en petite section, ma maîtresse s'appelait Anna, comme maman. En moyenne section, Flore est devenue ma meilleure amie. Au CP, j'ai rencontré Sarah. Malheureusement, Flore et Sarah ne s'aimaient pas beaucoup. Je ne savais plus quoi faire ! J'ai proposé à Flore de jouer avec elle en dehors de l'école puisque j'habitais à côté de chez elle. L'autre jour, nous sommes allées au parc Georges-Brassens. J'ai trouvé une pierre qui ressemblait à une tête de lion. Papa l'a trouvée très jolie. On a fait le tour du lac avant de traverser un petit bois. Nous avons trouvé plein de familles de gendarmes [insectes dont les couleurs – rouge et noir – rappellent celles des anciens uniformes de gendarmes] près des arbres.

L'été dernier, je suis allée marcher au bord de la mer avec maman pendant que papa faisait la sieste. Une grosse vague est arrivée sur nous. Nous sommes tombées et avons failli nous noyer. Le maître nageur n'est même pas venu nous voir. Heureusement, maman a réussi à se relever. Elle m'a pris la main et on est allées raconter notre aventure à papa. »

Tenir son journal, c'est se comparer à soi en différents temps

> *« Chercher dans les grandes choses ce que l'on a observé dans les petites et inversement. Par exemple, tout ce que dit ou fait l'enfant, l'homme le fait aussi mais dans d'autres domaines, puisque nous sommes tous les enfants d'un âge plus avancé. »*
> Lichtenberg, *Le Miroir de l'âme* (1765-1799).

Mona et Flore font de temps à autre le récit de ce qui leur est arrivé. Flore rédige de petits chapitres écrits en gros caractères, qu'elle accroche aux murs de sa chambre. Mona a tenu la chronique de ses tentatives de protection des familles de gendarmes rencontrées lors de ses pérégrinations. Comme beaucoup d'enfants, elle aime aussi relater ponctuellement par écrit les éléments marquants de sa vie en fixant les impressions et sentiments qu'elle a alors éprouvés. Noter ces impressions au quotidien, sous la forme d'un journal, comme le firent certains philosophes, est un exercice difficile mais fécond, faisant écho à cet acte d'écriture spontanée, chez l'enfant :

> L'homme, dit ainsi Maine de Biran dans « Le vieux cahier de 1794 », entraîné par un courant rapide, depuis sa naissance jusqu'à sa mort, ne trouve nulle part où jeter l'ancre ; ses sentiments, ses idées, sa manière d'être se succèdent, sans qu'il puisse les fixer ; son état moral varie comme son état physique ; les changements de l'âme répondent à ceux qui se font dans le corps et celui-ci est sujet à toutes sortes de

vicissitudes. Outre les changements insensibles qu'il subit dans les périodes générales de l'organisation, c'est-à-dire la naissance, l'accroissement, le décroissement, qui se changent les unes dans les autres, il est encore sujet à des anomalies irrégulières, occasionnées par l'action des corps extérieurs, les circonstances où il se trouve placé ; en un mot, les modes de la sensibilité, auxquels correspondent les différents sentiments de l'existence, sont soumis à la fois à un mouvement général et régulier dirigé par les lois de l'organisation, et à des mouvements particuliers qu'on ne peut ni mesurer ni prévoir. C'est ainsi que, dans le système du monde, les corps célestes sont entraînés dans l'espace par une force générale ; mais chaque planète a son mouvement particulier… Chaque homme devrait être attentif à ces différentes périodes de sa vie, il devrait se comparer à lui-même en différents temps, tenir registres de ses sentiments particuliers, de sa manière d'être, en observer les changements dans de courts intervalles, et tâcher de suivre les variations dans l'état physique qui correspondent à ces irrégularités dans l'état moral ; puis, s'examinant dans des périodes plus éloignées, il comparerait ses principes, sa manière générale de voir dans un temps, dans sa virilité, par exemple, avec les idées qu'il avait dans son adolescence ou dans sa vieillesse. Si on avait ainsi divers mémoires faits par des observateurs eux-mêmes, quelle lumière rejaillirait sur la science de l'homme !…

Tenir son journal permet ainsi la réalisation d'une synthèse des figures éphémères du moi à partir de l'établissement du registre des divers sentiments que nous éprouvons, de nos idées et conceptions à différents âges de la vie, en lien avec la variation et la multiplicité des états du corps, dans un monde lui aussi soumis à la loi du changement et de la démultiplication, comme l'exprime ici Mona, non sans désarroi, dans cet ultime dialogue :

« Adrien : Une table peut-elle être un monde, selon toi ?
Mona : Non !
Adrien : Un monde de particules organisées ?
Mona : Tu me fais pleurer ! Je croyais que le monde était toute la terre, là où l'on pose nos pieds.
Adrien : Et pas une table ?
Mona : Mais on ne pose pas nos pieds sur les tables ! On ne se met pas debout dessus ! »

Conclusion

Ce livre n'est nullement l'ouvrage d'un spécialiste de philosophie pour enfants, mais d'un apprenti – philosophe – du métier de père voyant son enfant grandir.

Mona a maintenant sept ans et demi. Elle pense que si nous avions composé aujourd'hui les dialogues qui servent d'amorce à mes développements, le résultat n'en serait que meilleur : « Je dirais des choses plus intéressantes ! J'étais encore un bébé ! Je savais à peine lire ! Et si on écrivait un autre livre ? »

Parler ensemble de philosophie est devenu un rituel non en tant que simple réitération, mais que « spontanéité dans la régularité des périodes », au sens où l'entend Ravaisson dans *De l'habitude* (1838). Pourtant, l'habitude prise de consigner ce que me disait Mona lorsque nous dialoguions, ou à d'autres moments de la journée, lui est parfois apparue comme relevant de l'indiscrétion. Ainsi, me dit-elle un jour où je venais de lui poser une question à laquelle il lui était difficile de répondre : « Je savais que j'allais être énervée ! Et tu vas l'écrire dans le livre de philo. On n'a rien le droit de dire sans que tu l'écrives ! » Mona percevait ici l'exercice d'une censure paradoxale tenant au caractère systématique et littéral de la retranscription de ce qui est dit ou entendu. Peut-être prenait-elle également conscience du risque d'une double instrumentalisation de son propos par mes choix d'orientation de la discussion et le personnage censeur qu'est le livre ? Censure qu'elle a à sa manière tenté d'exercer, une fois l'ouvrage rédigé, en soutenant n'avoir jamais dit ce qui était écrit dans certains passages de nos dialogues et en me demandant d'en corriger le contenu… Ce que je me suis d'autant plus gardé de faire qu'un effet de contrepoint maximal existait alors entre ses réflexions et le caractère technique et compartimenté de ma propre réflexion. Effet exprimé à travers l'écart qui existe entre discours enfantin, sagesse proverbiale et prose philosophique, abordant, parmi bien d'autres sujets possibles, les questions du temps, de la vie, de l'amour, de la mort, de la nature et des hommes, compris dans leurs rapports avec l'enfance et la philosophie.

Si l'ouvrage était à refaire, je tenterais de revenir, de façon philosophiquement plus cohérente, sur la manière dont l'enfant ancre l'adulte dans une philosophie de l'être-là. « Le moutard, ça ancre dans le *Dasein* ! » me disait un ami philosophe peu avant la naissance de Mona. Mais quelle peut bien être cette philosophie de l'être-là – distincte d'une philosophie spontanée –, que la présence des enfants nous suggère de développer ? Ses principes s'apparentent-ils à ceux d'une philosophie de la réalité, telle que Ludwig Feuerbach la conçoit dans *Pour une réforme de la philosophie* (1841) ? Philosophie « qui commence par la réalité et demeure en elle », ne cessant jamais de susciter le besoin de philosopher. « Philosophie infinie » dont la nature est le commencement et le fondement véritable et où, par conséquent, « l'empirie nous laisse à chaque pas sur [notre] faim et [nous] oblige à revenir à la pensée ». Le fait que l'idée de m'engager dans l'exploration d'une voie similaire ne me soit pas venue dans le cadre de la conception de ce livre s'explique tout d'abord par la difficulté de la question, dont le traitement aurait supposé une autre approche.

Par ailleurs, mon projet initial était, plus modestement, d'offrir au lecteur la possibilité d'entrer dans un jeu d'échos entre des éléments de philosophie personnelle, qu'il est en mesure d'élaborer lui-même en discutant avec les enfants, et un ensemble de textes philosophiques et littéraires choisis en fonction de l'éclairage qu'ils étaient susceptibles d'apporter.

Mais une dernière raison tient au fait que les références philosophiques que je mobilise – non sans prédilection pour la forme aphoristique –, afin de créer un jeu d'échos conceptuels avec ce que dit Mona dans nos dialogues, sont issues de la pensée d'auteurs dont l'œuvre promeut souvent des conceptions fondamentalement distinctes du sujet humain. Ainsi, par exemple, les philosophies de Nietzsche, de Deleuze et de Barkat, où le sujet porté et traversé par les forces élémentaires de la vie ne fait qu'occuper sa place, diffèrent-elles de la philosophie de Maine de Biran, qui, tout en affirmant de façon originale et inédite l'ancrage de la conscience ou du sentiment du moi dans le corps (« nous sommes réellement en nous-mêmes, et pour nous ce que nous sentons être »), accorde un primat à la réflexion sur la pensée, qui n'est jamais que corps affecté en tant que pensée, comme sut le montrer Spinoza.

Toutefois, la réflexion et la conscience de la complexité d'un problème ou d'une situation ne sont pas encore acte de création conceptuelle. Tout acte de ce type consiste, en effet, à construire des concepts propres à manifester la singularité des situations ou des époques[1]. Encore faut-il savoir prêter attention à ce qu'est la pensée, ainsi qu'à ce qui en constitue la vie propre : « L'homme, comme toute créature vivante, dit Nietzsche dans *Le Gai Savoir* (1882), pense sans cesse, mais il l'ignore, la pensée qui devient consciente n'est qu'une infime partie : disons la plus superficielle, la plus médiocre, car seule cette conscience se produit en paroles, c'est-à-dire dans des signes de communication par quoi se révèle d'elle-même l'origine de la conscience. »

Or ce monde de signes est celui d'une superficialité qui nous empêche d'appréhender le singulier, l'unique, l'incomparable… Le voile de la représentation reste à déchirer. Ce voile nous empêche, par exemple, d'orienter notre esprit vers le questionnement du phénomène de la naissance – jugé d'intérêt spéculatif moindre que celui de la mort, que Jankélévitch définit comme étant « le pur, l'absolu empêchement de se réaliser » – et qui annihile en nous le désir

---

1. Je citerai ici l'exemple du concept de « mort sous la figure de la vie », forgé par Sidi Mohammed Barkat pour caractériser l'époque actuelle (cf. chapitre VI, page 130). Mort travestie – en tant que vie empêchée de s'éprouver –, non définissable comme instant du passage de vie à trépas. Mort qui s'étale dans le temps et, qui, contrairement à celle dont parle Épicure dans sa *Lettre à Ménécée,* nous concerne à chaque instant.

d'« ouvrir à nouveau le monde des merveilles de nos premières années pleines de pressentiments », comme le dit Rilke dans *Le Livre de la pauvreté et de la mort* (1929). Laisser s'ouvrir le cœur de son enfance, moins pour en extirper le secret que pour rétablir un rapport plus immédiat à elle, afin de concevoir peut-être d'autres régimes ou rythmes d'existence, est l'expérience que tout adulte peut vivre à travers ses discussions avec un enfant.

Réapprendre à croître avec notre enfance au moyen d'un travail comparable à celui mené dans ce livre en vue d'accéder à la raison concrète[1] – et non au sens – de sa propre existence est facilité par le caractère inattendu, souvent poétique, et quelquefois cinglant, des répliques enfantines. Mais ressusciter en son cœur le temps de son enfance ne se décrète pas. Il ne suffit pas de vouloir retrouver son cœur d'enfant pour recréer les occasions et le climat propices à l'épanchement des passions de l'enfance, évoquées par Pavese dans *Le Métier de vivre* (1935-1950), que je cite en exergue de l'ouvrage. Sans doute cela suppose-t-il un apprentissage au terme duquel notre enfance devient habitable à la manière d'une maison. Non à dessein de transformer ce domicile d'enfance en résidence secondaire que nous irions habiter en cas de vague à l'âme, mais de résister à une tendance des modernes consistant, comme le montre Giorgio Agamben dans *Enfance et histoire. Dépérissement de l'expérience et origine de l'histoire* (1978), à confondre l'expérience et la connaissance.

---

1. Au sens d'une raison qui, n'affichant nulle prévalence sur le corps, croît, au même titre que lui, avec le flux de la vie.

En quête de certitude, la science moderne, dit Agamben, « fait de l'expérience le lieu – la "méthode", c'est-à-dire le chemin – de la connaissance. Elle fait interférer expérience et science en un sujet unique (qui étant universel et impossible, tout en étant un ego, réunit les propriétés de l'intellect et du sujet de l'expérience) ». Or, la réalité de ce que vit l'enfant contredit cette logique d'interférence de l'expérience et de la science au sein d'un même sujet. L'enfance est, en effet, fondamentalement expérience, essai (au sens que Montaigne accorde à ce terme). Réciproquement, l'expérience qui voue le sujet humain à la parole et au langage est enfance. L'enfance n'est donc pas un paradis que l'on quitte au moment où nous commençons à parler et à penser rationnellement. Elle est déjà langage et pensée, lieu de surgissement possible du paradoxe. Ainsi, dans le chapitre consacré à la question du temps, l'idée selon laquelle le temps serait réversibilité, contredit-elle la représentation commune de sa marche comme symbole de l'irréversible. De même, en sous-entendant que « naître, c'est remettre les compteurs à zéro », atterrir sur une nouvelle aire de vie, le propos de Mona nous éloigne-t-il de la conception platonicienne de la naissance comme chute dans le monde sensible, qui serait lieu de la mort de l'âme.

Enfin, en disant qu'aimer suppose la possession d'un cœur de lionne, Mona offre un vaste sujet de méditation aux individus de mon sexe… Cette expression, outre sa dimension allégorique, rejoint les préoccupations qui sont les miennes depuis ma lecture de *Souffrance en France* (1998) de Christophe Dejours, qui opère la distinction entre le courage sensible et vertueux et le courage viril valorisé au sein des nouvelles organisations du travail et de la société.

Mais mes discussions avec Mona m'ont surtout permis de revenir sur le sens et la portée de la distinction entre penser et savoir. Savoir qui, relativement à notre enfance, ne serait jamais que lacunaire, en raison du « voile épais » qui couvrirait « pour la plupart des individus, sinon pour tous, les six ou huit premières années de la vie », que décrit Freud dans ses *Essais sur la théorie de la sexualité* (1905). Or, ajoute Freud, ces « impressions d'enfance », tombées dans l'oubli, n'en ont pas moins laissé dans notre âme les traces les plus profondes et ont été décisives pour notre évolution ultérieure. Ces impressions ne sauraient donc être déclarées « disparues », mais sujettes à une amnésie caractérisée par le refus d'admettre certaines impressions dans la conscience, par conséquent, objets d'un mécanisme de refoulement. Mécanisme dont peut, par exemple, faire l'objet l'impression produite sur l'enfant par le spectacle d'un couple en train de s'embrasser. Ce spectacle énigmatique et trop vaste pour son entendement, brusquement ouvert à la dimension cosmique – et non uniquement existentielle ou idéalisante (« cristallisante », dirait Stendhal) – de l'amour, réalisant l'unité de l'être, peut susciter, chez l'enfant, la crainte associée à l'impensable, au point de lui faire oublier que Cupidon est lui-même enfant…

Comment lever l'écrou qui empêche de transformer cette crainte en joie de vivre ? Peut-être en apprenant à ruminer – et non à ressasser –, dès l'enfance, des impressions et souvenirs inscrits dans notre corps et affectant la pensée à travers lui. « Nous sommes, dit Locke (avant Nietzsche), de l'espèce des ruminants et

173

il ne suffit pas de nous bourrer d'une charge de choses ramassées. Il nous faut les remâcher, sans quoi elles ne nous donnent ni force ni nourriture. » Ce conseil donné par Locke dans *De la conduite de l'entendement* (1706), où il montre que la pensée n'est pas l'acte de transformation de ce que nous observons ou lisons en éléments de connaissance, mais de réappropriation intime de ce que nous ressentons, n'est-il pas indication d'une manière de nous rapprocher de notre enfance ? Enfance qu'il nous faut apprendre à « remâcher » par la pensée, laquelle se trouve, en retour, nourrie et fortifiée par elle. Enfance qui devient objet de méditation sur ce qui est originairement nôtre, à savoir la source – à la fois sensible et réflexive – de connexion de nos idées. Vision à défaut de laquelle, nous dit Locke, « nos idées ne sont que des pièces détachées flottant pêle-mêle dans notre cerveau », dépourvues de tout centre de gravité. Peut-être est-ce la raison pour laquelle Emerson dira dans *La Nature* (1836) : « [...] peu d'adultes, sont capables de voir la nature. La plupart des gens ne voient pas le soleil. Du moins en ont-ils une vision très superficielle. Le soleil ne fait qu'éclairer l'œil de l'homme, alors qu'il brille à la fois dans l'œil et le cœur de l'enfant. » Ce défaut de vision non corrigé de l'adulte n'est-il pas, en particulier, à l'origine de l'annexion des animaux, pour partie à la sphère de l'humain, pour l'autre, à celle de la nature, phénomène dont Florence Burgat montre le caractère central dans *Liberté et inquiétude de la vie animale* (2006) ?

Et pourtant, les adultes continuent de croire que les enfants vivent dans un monde d'illusions au motif qu'ils ne voient pas le monde comme eux. Ce monde de l'illusion supposée n'est-il pas, en réalité, celui que nous avons cessé de voir ? En cela réside peut-être la raison principale pour laquelle j'ai écrit ce livre. Arrêter le temps de mes occupations pour parler avec Mona m'a permis de voir grandir l'enfance en elle – tout autant que Mona dans son enfance –, d'habiter un monde sensoriel et sensible qui m'était devenu étranger.

La comparaison des impressions de Mona avec les miennes m'a de même rendu apte à jeter un regard nouveau sur le monde des adultes, soumis à une logique de résignation que je m'étais promis, enfant, de ne jamais accepter. Mais la culture philosophique me manquait alors pour donner corps à mon refus. Or, cette culture, je n'ai pu l'acquérir qu'au seuil de l'âge adulte, à partir des catégories de pensées propres à ce même âge. Aussi, me suis-je souvent interrogé sur la manière dont les enfants pourraient apprendre à exprimer la philosophie qui sort de leur bouche dans des formes qui, sans être académiques, seraient susceptibles de donner matière à discussions avec les adultes, au point d'amener ceux-ci à penser – au sens large et philosophique du terme – et à agir différemment. Est-il utopique d'imaginer qu'un jour les hommes sauront, par ce biais, renoncer au pouvoir, à la guerre et à toute forme de prédation ? (Est-ce ici un hasard si, en marge de nos dialogues, Mona a dit à ses parents vouloir consacrer ses efforts à l'élimination de celle-ci, en exerçant, une fois devenue grande, la profession de « chasseuse de chasseurs » ?)

Je doute fort, dans l'immédiat, que ce livre puisse apporter une réponse à cette dernière grande question ou permettre aux enfants qui en liront les dialogues d'exprimer dans toute leur force les pensées philosophiques qui sont les leurs. Toutefois, il me semble qu'une lecture conjointe de l'ouvrage par eux et leurs parents est susceptible d'inspirer à ces derniers le désir de transformer le temps compté de leurs disponibilités en temps créateur. Peut-être le miracle (au sens de rupture d'un ordre déterminé de choses) d'une rencontre entre les mondes de l'adulte et de l'enfant se produira-t-il alors. Miracle consistant en l'élargissement possible, chez l'adulte, du regard de l'enfant en lui sur les choses de la vie. Ce qui suppose que l'adulte sache faire un pas vers l'enfant qu'il était, cessant de concevoir ce dernier comme être dépassé – à la fois conservé et supprimé, comme l'indique le sens du concept hégélien d'*Aufhebung* – par le progrès de son existence.

Cependant, cette démarche ne va pas de soi. Elle prend le contre-pied de l'éducation qui tire l'enfant vers l'adulte qui en serait le modèle… Le tort de l'adulte n'est-il pas ici de croire que ses connaissances le rendent supérieur à l'enfant ? De concevoir la philosophie comme, selon la définition que Michel Tournier en donne dans *Le Vent Paraclet* (1977), « un instrument apéritif, une clé multiple, un ouvre-boîte universel permettant une effraction incomparable de tout ce qui passe aux yeux du vulgaire pour clos, irrémédiablement obscur, secret et inentamable » ?

Or, plus l'adulte sait se faire discret et réduire ses prétentions, plus il s'élève dans le cheminement conduisant l'enfant à évoluer, étape par étape, jusqu'au jour où il parviendra, au moyen de cette compréhension reçue, à développer lui-même un point de vue original. Il s'agit ici, ni plus ni moins, de permettre à l'enfant d'éveiller sa curiosité, d'accroître son intérêt et de renforcer son attention, sans alourdir le moins du monde son esprit, autrement dit d'initier des échanges qui ont lieu dans la complicité et où l'enfant cesse d'être spectateur pour devenir acteur. La proscription de tout jugement, de tout effet d'accablement et de toute rancœur de l'esprit de l'enfant renforcera son goût pour l'action, qui est aussi pensée. Son inspiration jaillira alors en toute liberté et l'originalité de son esprit saura s'exprimer. « On excite les enfants à être copistes, à quoi ils ne sont déjà que trop enclins ; nul ne songe à les rendre originaux, hardis, indépendants », disait Vauvenargues. Originaux à la manière de Flore, amie de Mona, qui, alors que nous parlions tous trois de la mort, me dit reprocher à ceux qui nous quittent en mourant de partir sans laisser d'adresse…

Bibliographie

Agamben, Giorgio, *Enfance et histoire. Dépérissement de l'expérience et origine de l'histoire* (1978), traduit de l'italien par Y. Hersant, Paris, Payot, 1989.

Alain, *Propos sur l'éducation* suivis de *Pédagogie enfantine* (1932 et 1963), Paris, PUF, 1986.

Alfieri, Vittorio, *De la tyrannie* (1789), traduit de l'italien par M. Baccelli, Paris, Allia, 1992.

Aristote, *La Métaphysique* (IVe siècle av. J.-C.), traduit du grec par J. Tricot, Paris, Vrin, 1970.

Aristote, *La Physique* (IVe siècle av. J.-C.), traduit du grec par A. Stevens, Paris, Vrin, 1999.

Aristote, *De la génération des animaux* (IVe siècle av. J.-C.), traduction du grec par P. Louis, Paris, Vrin, 2003.

Attar, *Le Livre des secrets*, traduit du persan par C. Tortel, Paris, Les Deux Océans, 1985.

Augustin, saint, *Les Confessions* (397-398), traduit du latin par J. Trabucco, Paris, Garnier-Flammarion, 1964.

Bachelard, Gaston, *L'Air et les Songes. Essai sur l'imagination du mouvement* (1943), Paris, Le Livre de poche, coll. « Biblio-Essais », 1998.

Bachelard, Gaston, *La Psychanalyse du feu*, Paris, Gallimard, 1949.

Bachelard, *La Poétique de l'espace* (1957), Paris, PUF, 1989 (4e édition).

Baïri, Farid, et Hamraoui, Éric, « Généalogies viriles », Paris, à paraître.

Balzac, Honoré de, *Séraphîta* (1835), Malesherbe, Les Éditions du Carroussel, 1999.

Barkat, Sidi Mohammed, *Le Corps d'exception. Les artifices du pouvoir colonial et la destruction de la vie*, Paris, Éditions Amsterdam, 2005.

Barkat, Sidi Mohammed, « L'évaluation, le travail et la vie » (2008), *in* F. Hubault (dir.), *Évaluation du travail, travail d'évaluation*, série séminaire Paris 1 juin 2007, Toulouse, Octarès, coll. « Le travail en débats », 2008, p. 3-12.

Becker, Lucien, *Rien que l'amour. Poésies complètes*, Paris, La Table Ronde, 1997.

Bergson, *L'Énergie spirituelle. Essais et conférences* (1919), *in* Bergson, *Œuvres*, Paris, PUF, 1959, p. 813-980.

Bergson, *La Pensée et le Mouvant* (1938), Paris, PUF, 1975.

Bettelheim, Bruno, *Psychanalyse des contes de fées*, traduit de l'américain par T. Carlier, Paris, Robert Laffont, 1976.

Bichat, Xavier, *Recherches physiologiques de la vie et de la mort* (1800), Verviers (Belgique), Éditions Gérard & Co, 1973.

Blanchot, Maurice, *L'Espace littéraire*, Paris, Gallimard, 1955.

Bove, Laurent, *La Stratégie du conatus. Affirmation et résistance chez Spinoza*, Paris, Vrin, 1996.

Buffon, Georges Louis Leclerc, *Histoire naturelle de l'Homme et des animaux* (1749-1788), Paris, Jean de Bonnot, 1989.

Burgat, Florence, *Liberté et inquiétude de la vie animale*, Paris, Kimé, 2006.

Cabanis, Pierre Jean Georges, *Rapports du physique et du moral de l'homme* (1802), Paris, Fortin et Masson, 1843.

Canetti, Elias, *Le Territoire de l'homme* (1942-1972), traduit de l'allemand par A. Guerne, Paris, Albin Michel, 1981.

Canguilhem, Georges, *Le Normal et le Pathologique* (1943), Paris, PUF, 1966.

Cauly, Olivier, *Comenius. L'Utopie du paradis*, Paris, PUF, 2000.

Cavell, Stanley, *Un ton pour la philosophie. Moments d'une autobiographie*, Paris, Bayard, 2003.

Comenius, Jean Amos, *L'Abrégé de physique*, Amsterdam, 1633.

Dejours, Christophe, *Souffrance en France*, Paris, Seuil, 1998.

Deleuze, Gilles, et Guattari, Félix, *Capitalisme et schizophrénie. Mille Plateaux*, Paris, Minuit, 1980.

Deleuze, Gilles, *Spinoza. Philosophie pratique*, Paris, Minuit, 1981.

Deleuze, Gilles, et Guattari, Félix, *Qu'est-ce que la philosophie ?*, Paris, Minuit, 1991-2005.

Descartes, René, *Les Principes de la philosophie* (1644), *in* Descartes, *Œuvres philosophiques (1643-1650)*, tome III de l'édition de F. Alquié, Paris, Garnier, 1973, p. 90-525.

Despret, Vinciane, et Porcher, Jocelyne, *Être bête. Sur le langage des animaux*, Paris, Actes Sud, 2007.

Destutt de Tracy, *De l'amour* (1813), Paris, Vrin, 2006.

Diderot, Denis, *Essais sur la peinture. Salons de 1759, 1761, 1763* (1759-1765), Paris, Hermann, 2007.

Diderot, Denis, « Lettre à Sophie Volland » du 15 octobre 1759, in *Lettres à Sophie Volland*, Paris, Gallimard, coll. « Folio », 1984.

Eckhart, Maître, *Traités et sermons* (1310 env.), traduit du latin par A. de Libera, Paris, Garnier-Flammarion, 1993.

Emerson, Ralph Waldo, *La Nature* (1836), traduit de l'américain par P. Oliete Loscos, Paris, Allia, 2004.

Épicure, « Lettre à Ménécée » (IIIe siècle av. J.-C.), traduit du grec par M. Conche, in *Lettres et maximes*, Paris, PUF, 1987.

Fénelon, François de Salignac de la Mothe, *Traité de l'éducation des filles* (1687), Paris, Klincksieck, 1994.

Fontanier, Jean-Michel, *Lecture des Confessions I-V de saint Augustin*, Rennes, PUR, 2002.

France, Anatole, *Le Livre de mon ami* (1885), Paris, Librairie générale française (LGF), 1970.

Freud, Sigmund, « Au-delà du principe de plaisir » (1920), in *Essais de psychanalyse*, traduit de l'allemand sous la direction d'A. Bourguignon, Paris, Payot, 1981.

Freud, Sigmund, *Trois Essais sur la théorie de la sexualité* (1905), traduit de l'allemand par B. Reverchon-Jouve, Paris, Gallimard, coll. « Idées », 1962.

Hamraoui, Éric, « Les courages : variantes d'un processus d'androsexuation de la vertu », *Travailler*, n° 7, 2001, p. 167-188.

Hamraoui, Éric, *Philosophie du progrès en cardiologie*, Paris, Éditions Louis Pariente, 2002.

Hamraoui, Éric, « Cœur » et « Servitude » *in* Michela Marzano (dir.), *Dictionnaire du corps*, Paris, PUF, 2007, p. 208-212 et p. 860-864.

Hamraoui, Éric, « Cœurœils », *Travailler* n° 19, 2008, p. 143-148.

Hamraoui, Éric, « Dans la mine du philosophe. Essai d'analyse des phases d'un travail d'écriture. Transcription de l'instruction au sosie suivie du commentaire », *Travailler* n° 21, 2009, p. 89-130.

Harvey, William, *Exercitatio anatomica de motu cordis et sanguinis in animalibus (La circulation du sang, des mouvements du cœur chez les hommes et les animaux)*, traduit du latin par Ch. Richet (1869), réédité avec le concours du Centre national des Lettres, préfacé par Jean Hamburger (postface de M. D. Grmek), Paris, Christian Bourgois, 1990.

Hegel, *Encyclopédie des sciences philosophiques I – Science de la Logique* (1808-1816), traduit de l'allemand par B. Bourgeois, Paris, Vrin, 1979.

Hegel, *Encyclopédie des sciences philosophiques II – Philosophie de la nature* (1817), traduit de l'allemand par B. Bourgeois, Paris, Vrin, 2004.

Hegel, *Esthétique* (1817), traduit de l'allemand par S. Jankélévitch, vol. I-III, Paris, Flammarion, 1979.

Hegel, « Manuscrit de Berlin sur l'espace et le temps » (1821-1822), *Philosophie*, n° 52, 1996, traduit de l'allemand par C. Bouton, p. 6-22.

Hesse, Hermann, *Demian. Histoire de la jeunesse d'Émile Sinclair* (1919), traduit de l'allemand par D. Riboni, Paris, Stock, 1946/1974.

Hesse, Hermann, *Mon enfance* (1907 et 1948), traduit de l'allemand par E. Beaujon, Paris, Mille et une nuits, 1997.

Hippocrate, *Œuvres complètes*, traduction É. Littré (10 volumes), Paris, Baillière, 1839-1861.

Hoffmann, Amadeus, *Le Chat Murr* (1822), traduit de l'allemand par M. Laval, Paris, Phébus Libretto, 2004.

Hugo, Victor, *L'Homme qui rit* (1874), Paris, Gallimard, coll. « Folio », 2002.

Hugo, Victor, *La Tristesse d'Olympio*, Paris, 1840.

Hugo, Victor, *Les Contemplations* (1830-1855), Paris, Gallimard, 1973.

Hume, David, *Enquête sur l'entendement humain* (1758), traduit de l'anglais par A. Leroy, Paris, Aubier-Montaigne, 1947.

Irigaray, Luce, *Ce sexe qui n'en est pas un*, Paris, Minuit, 1977.

Jacob, François, *La Logique du vivant. Une histoire de l'hérédité*, Paris, Gallimard, coll. « Tel », 1970.

Jankélévitch, Vladimir, *La Mort*, Paris, Flammarion, coll. « Champs », 1977.

Jaurès, Jean, *De la réalité du monde sensible* (1891), Paris, Éditions Alcuin, 1994.

Kafka, *Journal* (1910-1912), traduit de l'allemand par M. Robert, Paris, Grasset, 1954.

Kant, Emmanuel, *Critique de la raison pure* (1781 et 1787), traduit de l'allemand par A. J.-L. Delamarre et F. Marty à partir de la traduction de J. Barni, Paris, *in* Emmanuel Kant, *Œuvres philosophiques*, I, Paris, Gallimard, coll. « Bibliothèque de la Pléiade », 1985, p. 719-1470.

Kierkegaard, Soren, *La Reprise* (1843), traduit du danois par N. Viallaneix, Paris, Garnier-Flammarion, 1990.

Kierkegaard, Soren, *Le Concept de l'angoisse* (1844), traduit du danois par K. Ferlov et J.-J. Gateau, Paris, Gallimard, 1935.

La Boétie, Étienne de, *La Servitude volontaire* (1574) suivi de *Vingt-Neuf Sonnets* et d'une *Lettre de Montaigne à son père sur la mort d'Étienne de La Boétie*, mis en français moderne par C. Pinganaud, Paris, Arléa, 2003.

La Fontaine, Jean (de la), *Fables* (1668-1694), Paris, Hachette, 1929.

Lamarck, Jean-Baptiste de Monet, *Philosophie zoologique*, Paris, Librairie Dentu, 1809.

Lang, Fritz, *Les Trois Lumières* (*Der müde Tod*), (film, 1921).

Lawrence, David-Herbert, *Homme d'abord* (1930-1936). Essais choisis et présentés par M. Marnat, traduits de l'anglais par T. Aubray, Paris, Union générale d'éditions, coll. « 10/18 », 1968.

Le Breton, David, *Du silence. Essai*, Paris, Métailié, 1997.

Leopardi, Giacomo, *Tout est rien. Anthologie du Zibaldone di pensieri* (1832), traduit de l'italien par E. Cantavenera, Paris, Allia, 1998.

Lichtenberg, Georg Christoph, *Le Miroir de l'âme* (aphorismes) (1765-1799), traduit de l'allemand par C. Le Blanc, Paris, José Corti, 1997.

Loach, Ken, *It's a Free World* (film, 2007).

Locke, John, *De la conduite de l'entendement* (1706), traduit de l'anglais par Y. Michaud, Paris, Vrin, 1975.

Lucrèce, *De la nature*, traduit du latin par H. Clouard, Paris, Garnier-Flammarion, 1964.

Maine de Biran, François Pierre Gonthier, *Mémoire sur la décomposition de la pensée* (1805), *in* Maine de Biran, *Œuvres*, François Azouvi (dir.), tome III, Paris, Vrin, 1988.

Maine de Biran, François Pierre Gonthier, *De l'aperception immédiate. Mémoire de Berlin* (1807), *in* Maine de Biran, *Œuvres*, François Azouvi (dir.), tome IV, Paris, Vrin, 1995.

Maine de Biran, François Pierre Gonthier, *Journal* (1814-1824), édition intégrale publiée par Henri Gouhier, 3 vol., Neufchâtel, 1954-1957. Tome I : février 1814-31 décembre 1816. Tome II : 1er janvier 1817-17 mai 1824. Tome III : Agendas, carnets et notes.

Malebranche, Nicolas, *De l'imagination*, in *De la recherche de la vérité* (1674), livre II, Paris, Agora, 2006.

Massin, Marianne, *La Pensée vive. Essai sur l'inspiration philosophique*, Paris, Armand Colin, 2007.

Maygrier, Jacques-Pierre, *Nouvelles Démonstrations d'accouchements* (1822-1827), Paris, Éditions Louis Pariente, 1988.

Michaux, *Les Grandes Épreuves de l'esprit*, Paris, Gallimard, 1966.

Molière, *Œuvres complètes*, Genève, Éditions de Crémille, 1971.

Montaigne, Michel de, *Les Essais* (I-IV), texte établi par J. Haumont, Paris, Jean de Bonnot, 1972.

Montesquieu, Charles-Louis de Secondat, *De l'esprit des lois* (1748), présenté par R. Derathé, Paris, Garnier, 1973.

Moravia, Alberto, *L'Amour conjugal* (1949), traduit de l'italien par C. Poncet, Genève, Éditions de Crémille, 1972.

Nietzsche, *Par-delà Bien et Mal* (1886), traduit de l'allemand par H. Albert, Paris, Union générale d'éditions, coll. « 10/18 », 1983.

Nietzsche, *Seconde Considération intempestive. De l'utilité et de l'inconvénient des études historiques pour la vie* (1874), traduit de l'allemand par H. Albert, Paris, Garnier-Flammarion, 1988.

Nietzsche, *La Généalogie de la morale* (1887), traduit de l'allemand par H. Albert, Paris, Gallimard, coll. « Idées », 1982.

Nietzsche, *Le Crépuscule des idoles ou Comment on philosophe au marteau* (1888), traduit de l'allemand par H. Albert, Paris, Denoël-Gonthier, 1970.

Nietzsche, *Le Gai Savoir* (1882-1885), traduit de l'allemand par A. Vialatte, Paris, Gallimard, coll. « Idées », 1982.

Nietzsche, *Le Livre du philosophe* (1872-1875), traduit de l'allemand par A. Kremer-Marietti, Paris, Garnier-Flammarion, 1991.

Nietzsche, *Opinions et sentences mêlées* (1886), traduit de l'allemand par H. Albert, Paris, Denoël-Gonthier, 1975.

Novalis, *Semences* (1797-1798), traduit de l'allemand par O. Schefer, Paris, Allia, 2004.

Pavese, Cesare, *Le Métier de vivre. Journal (1935-1950)*, traduit de l'italien par M. Arnaud, Paris, Gallimard, 1958.

Perec, Georges, *W ou le Souvenir d'enfance*, Paris, Gallimard, 1975.

Platon, *Le Banquet*, traduit du grec par E. Chambry, Paris, Garnier-Flammarion, 1964.

Poulet, Georges, *Études sur le temps humain/2*, Paris, Éditions du Rocher, 1952.

Proust, Marcel, *Le Temps retrouvé* (1927), Paris, Gallimard, 1954.

Rabelais, François, *Le Quart-Livre des faits et dicts héroïques du noble Pantagruel* (1552), *in* Rabelais, *Gargantua-Pantagruel. Les cinq livres*, version intégrale en français moderne, illustrations de Gustave Doré, Paris, 1994, p. 484-681.

Ravaisson, Félix, *De l'habitude* (1838), Paris, Payot & Rivages, 1997.

Rilke, Rainer Maria, *Le Livre de la pauvreté et de la mort* (1929), traduit de l'allemand par A. Damon, Arles, Actes Sud, 1982.

Rilke, Rainer Maria, *Lettres à un jeune poète* (1929), traduit de l'allemand par M. B. de Launay, Paris, Gallimard, 1993.

Rivarol, *Maximes, pensées et paradoxes* (1784), Paris, Éditions du Rocher, 1998.

Rousseau, Jean-Jacques, *Émile ou De l'éducation* (1762), Paris, Garnier-Flammarion, 1966.

Rousseau, Jean-Jacques, *Les Confessions* (1782 et 1789), tomes I et II, Paris, Gallimard, coll. « Folio », Paris, 1959.

Sand, George, *Histoire de ma vie* (1876), édition établie et annotée par M. Ried, Paris, Gallimard, coll. « Quarto », 2004.

Sarraute, Nathalie, *Enfance* (1983), Paris, Gallimard, 2004.

Sartre, Jean-Paul, *L'Être et le Néant*, Paris, Gallimard, 1943.

Sartre, Jean-Paul, *Les Mots*, Paris, Gallimard, 1964.

Schopenhauer, Arthur, *Le Monde comme volonté et comme représentation* (1819), traduit de l'allemand par A. Burdeau, édition revue et corrigée par R. Roos, Paris, PUF, 2004 (1re édition, 1966).

Schopenhauer, Arthur, *Le Sens du destin. Spéculation transcendante sur l'intentionnalité apparente dans le destin de l'individu (extrait de Parerga). De l'éthique (extrait de Paralipomena : chap. VIII)* (1851), traduit de l'allemand par M.-J. Pernin-Segissement, Paris, Vrin, 1988.

Sénac, Jean-Bertrand, *Traité de la structure du cœur, de son action et de ses maladies*, Paris, Briasson, 1749.

Sénèque, *Lettres à Lucilius*, III (62-65), traduit du latin par F. et P. Richard, Paris, Garnier, 1954.

Smith, Adam, *Théorie des sentiments moraux* (1759), traduit de l'anglais par M. Biziou, C. Gautier, J.-F. Pradeau, Paris, PUF, 2003.

Spinoza, *Éthique* (1677), traduit du latin par A. Guérinot, Paris, Ivrea, 1993.

Stendhal, *De l'amour* (1820), Paris, Gallimard, coll. « Folio », 1980.

Stendhal, *Lettres à Pauline* (1800-1825), Paris, Seuil, 1994.

Suarez-Nani, Tiziana, *Les Anges et la philosophie*, Paris, Vrin, 2002.

Suchon, Gabrielle, *Petit Traité de la faiblesse, de la légèreté et de l'inconstance qu'on attribue aux femmes mal à propos* (1693), Paris, Arléa, 2002.

Tolstoï, *Enfance, Adolescence, Jeunesse*, traduit du russe par S. Luneau, Paris, Gallimard, 1975.

Tolstoï, *Sonate à Kreutzer* (1891), traduit du russe par J.-W. Bienstock, Paris, Grands Écrivains, 1985.

Tournier, Michel, *Le Vent Paraclet*, Paris, Gallimard, coll. « Folio », 1977.

Trigon, Jean, *L'Homme qui vivra mille ans*, Paris, Fleurus, 1957.

Valéry, Paul, *Tel Quel* (1941), *in* Paul Valéry, *Œuvres*, Paris, Gallimard coll. « Bibliothèque de la Pléiade », 1960, tome II, p. 469-781.

Vauvenargues, Luc de Clapiers, marquis de, *Introduction à la connaissance de l'esprit humain. Fragments. Réflexions critiques. Réflexions et maximes. Méditation sur la foi* (édition de 1747), Paris, Garnier-Flammarion, 1981.

Wittgenstein, Ludwig, *Remarques mêlées* (1914-1951), traduit de l'allemand par G. Granel, Paris, Garnier-Flammarion, 2002.

Woolf, Virginia, *La Fascination de l'étang* (1905-1941), traduit de l'anglais par J. Kamoun, Paris, Seuil, 1990.

Woolf, Virginia, *Une chambre à soi* (1929), traduit de l'anglais par C. Malraux, Paris, Denoël, 1977-1992.

Index des notions

Index des noms propres

M

Maine de Biran, François 12-14, 81, 89, 132-133, 163, 169

Maître Eckhart 139

Malebranche, Nicolas 11

Marx, Karl 100

Massin, Marianne 66

Maygrier, Jacques-Pierre 90

Michaux, Henri 26, 68

Molière 107

Montaigne, Michel de 172

Moravia, Alberto 111

N

Nietzsche, Friedrich 5, 37, 52, 57, 70, 96-98, 103, 132, 158, 169-170, 173

Novalis 17, 26-27, 46, 59, 85, 92, 121

P

Pavese, Cesare 86, 120, 171

Perec, Georges 6

Platon 138

Porcher, Jocelyne 157

Proust, Marcel 56, 77

R

Rabelais, François 51

Ravaisson, Félix 81, 167

Rilke, Rainer Maria 114, 171

Rivarol, Antoine 61

Rousseau, Jean-Jacques 47, 147

S

Sand, George 20, 31, 126

Sarraute, Nathalie 18

Sartre, Jean-Paul 18, 71

Schlegel, Friedrich 46

Schopenhauer, Arthur 16, 127-129, 142

Sénac, Jean-Bertrand 89

Sénèque 51, 68, 96, 101, 119

Smith, Adam 159

Socrate 56

Spinoza, Baruch 12, 47, 170

Stendhal 9

Suchon, Gabrielle 113

T

Tolstoï 109, 140

Tournier, Michel 176

Composé par **STYLE INFORMATIQUE**

N° d'éditeur : 3892

Dépôt légal : juillet 2009

Imprimé en Allemagne par BoD

www.ingramcontent.com/pod-product-compliance
Lightning Source LLC
LaVergne TN
LVHW051221060726